KB175518

가까운 사람이
의존성 성격 장애일 때

가까운 사람이
의존성 성격 장애일 때

숨 막히는 집착에서 벗어나 나를 지키고 그를 돕는 법

우도 라우흐플라이슈 지음

장혜경 옮김

심심

의존에서 벗어나 함께 성장하는 관계로

아리스토텔레스도 말했듯이, 인간은 공동체를 지향하는 사회적 존재이므로 타인과 관계를 맺지 않으면 존재할 수 없다. 마르틴 부버Martin Buber는 이를 다음과 같이 정리했다. "인간은 너로 인하여 내가 된다."[1] 이와 같은 관계의 중요성은 비단 인간에게만 해당하는 것이 아니다. 고등 포유류도 부모와 관계를 잘 유지할 수 있어야 큰 탈 없이 성장할 수 있다.

하지만 성장에 유익한 관계가 있다면, 폭력적이고 해로운 형태의 관계도 있다. 그중 하나가 의존관계다. '의존'이라는 말을 들으면 우리는 자동으로 술이나 마약 같은 물질이나, 일 중독이나 도박 같은 특정 활동을 먼저 떠올린다. 의존이라는 말을 듣고 의존적인 인간관계를 떠올릴 사람은 아마극히 드물 것이다. 사실 이런 종류의 의존성은 겉으로 잘 드러나지 않는다. 하지만 관계에 의존하는 환자 자신, 그 가족, 친구들이 겪는 고통은 술이나 마약에 중독된 환자나 그의 가족이 겪는 고통에 절대 뒤지지 않는다.

사실 의존성은 이런 특수한 유형의 사람만이 겪는 문제는 아니다. 정서적으로 깊은 관계를 맺게 되면 우리는 모두 그런 식의 의존적 감정을 느낄 수 있다. 그중 자존감이 낮아서 타인의 충고나 응원에 많이 의지하는 사람이 특히 이런 의존관계의 피해자가 되기 쉽다. 혼자가 되는 것이 겁나서 상대에게 매달리거나, 심지어 상대가 폭력을 행사하는데도 그 관계에서 벗어나지 못하는 사람들도 적지 않다. 거꾸로 늘 타인과 거리를 유지하며 사는 사람을 가만히 들여다보면, 실은 상대에게 너무 의지할까 봐 겁이 나서 아예 관계에 발을 들이지 못하는 경우가 많다.

의존관계는 환자 자신과 상대는 물론이고 가까운 주변 사람들에게도 큰 고통을 안긴다. 의존성 성격 장애 환자들은 의도적으로 기댈 만한 상대를 골라 그 곁에서 잠시나마 정서적·신체적 안정을 찾는다. 하지만 환자의 반려자는 안정을 찾기는커녕, 가슴이 답답하고 숨이 막힌다. 처음에는 적절한 거리가 유지되는 좋은 관계라고 생각했지만, 어느 순간부터 상대의 기대가 너무 과하다는 느낌이 들고 계속되는 상대의 이런저런 요구에 목이 졸리는 듯한 기분을 느낀다. 그런 상황에선, 특히 환자가 죽기 살기로 자신에게 매달릴 때는 덫에 빠진 짐승이 된 것처럼 무시무시한 공포가 밀려올 수도 있다.

의존관계란 최소 두 사람이 있어야 성립이 가능하므로, 이 책이 필요한 독자의 수는 절대 적지 않을 것이다. 이 책이 대상으로 삼는 독자는 크게 세 집단으로 나뉜다. 의존적인 반려자 탓에 힘든 사람, 의존성 성격 장애 환자의 가족·친구·지인, 그리고 자신이 인간관계에서 의존적이라고 느끼는 성격 장애 환자 당사자다.

의존성 성격 장애 환자는 그 숫자가 적지 않다. 당신이 그런 문제로 고통을 받고 있다면, 아마 경험상 당신을 괴롭히는 그 엄청난 두려움과 자괴감을 누구보다 잘 알 것이다. 주변 사람들도 당신을 위로하거나 응원하지 않을 것이다. 오히려 "이제는 그만 독립적으로 살아", "정신 차려"라는 식으로 호통을 칠 것이고, 힘든 관계에서 헤어나지 못하면 "다 네

탓이야"라고 야단칠 것이다. 혹은 당신이 환자의 가족이나 친구라면, 반대 입장에서 한심해 보이는 환자에게 그런 비난을 할 수도 있다.

그러기에 나는 환자나 그 반려자, 가족이나 친구가 처한 상황을 알리고, 그들이 절망적인 상황에서 헤어 나올 수 있도록 도움을 주고자 이 책을 썼다. 이 책이 최대한 많은 사람에게 가닿기를 바란다.

이 책은 12장으로 나누어져 있다. 각 장에서 의존성 성격 장애가 일으킬 수 있는 중요한 문제점을 하나씩 다루었다. 환자와 그 반려자가 겪을 수 있는 문제는 물론이고 가족과 친구들이 맞닥뜨릴 문제도 빼놓지 않았다. 의존이라는 현상은 항상 관계를 포함한다. 누군가에게 의존하고 그 의존을 누군가가 받으려면 두 사람이 필요하기 때문이다. 이 사실을 잊지 않기 위해, 각 장마다 환자와 주변인 양쪽의 견해를 충분히 반영하고자 했다. 또한 실제 인물들의 경험과 행동을 사례로 들었다. 하지만 익명성을 위해 여러 사례를 모아 한 가지 사례로 엮은 경우도 많다. 책에 등장하는 인명은 모두 가명이다.

1장에서는 의존성 성격 장애를 심리학 관점에서 설명한다. 이 장에서는 인성 발달이 **질병 수준**에 이른 환자보다는, 우리 모두에게서 이런저런 형태로 발견될 수 있거나 누구나 특정 상황이 되면 빠져들 수 있는 의존관계 형태를 중점으로 삼을 것이다. 더불어 이처럼 의존성이 심한 인성 발달의 원인이라고 파악한 요소로 무엇이 있는지도 함께 살펴볼 것이다. 또한 1장 끝부분의 '요점 정리'에서는 애당초 사랑이 일종의 의존인 것은 아닌지 짚어본다. 사랑하는 사람을 애타게 그리워하고 그를 좋게만 바라보는 '장밋빛 색안경'도 의존의 증거 아닐까? 진정한 사랑이란 이 책에서 설명하는 의존관계와는 다른, 특별한 종류의 의존관계일까? 이런 질문들을 1장 막바지에서 추적한다.

　　자신감이 없어서 '다 내가 잘못해서 그렇다'라는 두려움 탓에 타인에게 매달리는 사람들이 적지 않다. 2장에서는 이런 종류의 관계와 주변 사람들이 그들에게 보내는 거부 반응을 다뤄보겠다.

　　보호자 없이 혼자인 것을 견디지 못해 관계에 집착하고 주변 사람들에게서 비난을 받는 이들도 드물지 않다. 3장에서는 이런 형태의 관계를 살펴볼 것이다.

주변 사람들이 고개를 저을 정도로 의존의 정도가 매우 심한 예도 있다. 4장에서 만나볼 남성도 그런 상태다. 이들은 상대로 인해 자신의 인생이 엉망이 되었다는 것을 스스로도 인지하고 있지만, 도저히 상대를 놓지 못한다.

남의 부탁을 거절하거나 남의 말을 반박하는 것이 두려워 주변 사람들에게 의존하는 사람들도 있다. 이들은 갈등을 극도로 싫어해 필요 이상으로 주변 사람들의 의견에 복종하지만, 돌아오는 것은 속내를 모르겠다는 비난뿐이다. 이런 사람들이 5장의 주인공이다.

6장에서는 의존관계의 밑바탕인 불안을 애써 감추며 사는 사람들을 살펴볼 것이다. 이들은 자신이 누군가에게 의존할까 봐 두려워 필요 이상으로 독립을 외치고, 그런 그를 주변 사람들 역시 매우 독립적인 사람이라고 착각한다.

의존관계는 두 사람 사이에서만 일어나는 일이 아니다. 개인과 집단 사이에서도 의존관계가 성립 가능하다. 7장에서는 극단주의 종교 단체에 발을 들여놓았다가 거기서 헤어나오지 못하는 한 여성의 사례를 소개한다.

'캥거루족'은 성인이 되어서도 부모님과 동거하며 생활을 의존하려 하는 젊은이들을 일컫는 말이다. 8장에서는 이 문제를 조명할 것이다.

한 사람은 매달리고 다른 사람은 그 사람을 '구원'하고 싶은 '공동 의존co-dependency' 양상이 의존적인 인간관계에서 나타나기도 한다. 9장에서 그 사례를 살펴본다.

성인은 물론이고 청소년과 어린이까지 인터넷 사용이 날로 늘어나는 요즘, 과도한 성인 사이트 접속 및 중독 상황을 10장에서 알아본다. 주변 사람들은 이를 보고 중독이 아닌가 걱정하지만 정작 당사자들은 자신이 중독되었다는 사실을 오래도록 자각하지 못한다.

머리로는 관계의 문제가 심각하다는 사실을 알지만, 감정이 이성을 저지해 주변 사람들의 충고에도 폭력적인 관계를 계속 유지하는 사람들도 있다. 11장에서 이런 의존적 관계를 다룬다.

12장에서는 힘겨운 과정을 거쳐 의존관계에서 벗어난 긍정적 사례와 의존관계에서 벗어나는 방법을 소개할 것이다.

각 장 끝마다 중요한 내용을 끌어모은 '요점 정리'를 실었으며, '당신이 할 수 있는 일'에서 바람직한 대처 방안도 정리했다. 그리고 책의 맨 끝에 수록된 '다시 한번 요점 정리'에서 책의 내용을 총체적으로 살펴볼 수 있도록 했다.

이 책이 여러분이 사랑하는 사람의 '관계 의존성' 현상에 올바로 대처할 수 있도록, 나아가 문제 있는 관계 패턴에서 벗어나 두 사람이 함께 성장할 수 있도록 도움을 줄 수 있기를 바란다.

2021년 봄

우도 라우흐플라이슈

차례

1장

의존성 성격 장애란

'의존관계'는 생각보다 많이 목격되는 현상이며, 그 스펙트럼도 매우 넓다. 단순히 상대에게 기대고 싶고 뭐든 다 맡겨버리고 싶은 마음에서부터, 고통스러울 정도의 정서적·경제적 의존 상태에 이르기까지 그 형태는 실로 다양하다. 때로는 당사자도 자신의 관계가 의존적이라는 사실을 깨닫지 못하고, 주변 사람들 역시 '두 사람이 사이가 좋다'고 여길 뿐 의존적이라고는 생각하지 못한다.

두 사람 사이에 갈등이 불거지거나 어느 한쪽이 답답함을 느끼게 되면, 그제야 당사자도 이 관계에 문제가 있는 것은 아닌가 하는 의문을 품는다. 심지어 관계를 끝내고 나서야 이 사실을 깨달을 때도 많다. 관계를 적절한 방식으로 끝맺지 못하는 바람에 몇 년씩 큰 고통을 받거나, 그동안 자신이 얼마나 상대에게 의존적이었는지를 비로소 깨닫기도 한다.

'국제질병분류ICD'와 '정신질환 진단 및 통계 편람DSM'은 의존 상태가 질병 수위에 이르렀을 때를 '의존성 성격 장애'로 분류한다. 서구 국가 국민의 약 2.5퍼센트가 이에 해당하는 것으로 추정된다. 성별에 따른 발생 빈도 차이는 거의 없다.

ICD-10과 DSM-5에서 언급한 의존성 성격 장애의 증상은 대체로 일치한다. 무엇보다 **불안**과 **무력감**이 이 성격 장애의 주요한 특징이다. 의존성 성격 장애 환자는 **자신감이 부족하고 타인의 지지에 심하게 의존**하며 **실패할 것이라는 불안감**이 매우 크다. 이들은 자신감이 부족하므로 보호자에게 의존하고 그들의 칭찬과 지지에 집착한다. 때로는 극단적일 정도로 보호자에게 순종하며, 자기 나름의 의견을 개진하고 관철할 능력이 없다. 그 결과 남들 눈에 '의지력 부족'으로 비치기 쉽고 '지나치게 말을 잘 듣는다'라는 평가를 받기도 하며, 심한 경우 긍정적이건 부정적이건 온전히 주변 사람들의 행동과 의견에 복종한다.

물론 그런 성격 유형의 사람 중에도 그 정도가 질병의

수위에까지 이르지 않는 경우도 많다. 이런 사람을 의존성 성격 유형Dependent Personality Style[2]이라고 한다. 인간관계에서 의존성을 보이는 사람들로, 의존성 성격 장애 환자들보다 훨씬 많은 숫자의 사람들이 여기에 해당한다. 이들은 일정 정도의 의존적 성향을 보이고 충성심이 매우 강하며, 타인을 위해 자신의 욕망을 억누르고 주변 사람들과 그들의 평가에 매달리는 사람들이다. 그렇지만 이들 대부분은 타인의 마음을 잘 헤아리고 협동심이 강하며 남을 잘 돕고, 이타적이기 때문에 주변 사람들에게 사랑을 많이 받는다.

성격 장애 환자와 비교하면 이들의 자존감은 훨씬 안정적이다. 이들 역시 불안하고 의존적이긴 하지만 의존성 성격 장애 환자처럼 극단적일 정도로 타인에게 자신을 맞추지는 않는다. 하지만 좁은 의미의 의존성 성격 **장애**와 의존성 성격 **유형**의 경계는 매우 모호하다. 의존성 성격 장애 및 유형의 주요 특징을 꼽아보면 다음과 같다.

- 책임질 일을 크게 두려워한다.
- 타인의 불행에 책임감을 느낀다.

- 타인의 애정을 얻기 위해 자신의 욕구를 억누르고 타인이 바라는 대로 한다.
- 결정을 잘 내리지 못하고 타인의 칭찬에 집착한다.
- 겁이 나서 자신의 의견을 선뜻 말하지 못한다.
- 자신이 나약하고 무력하며 무능하다고 생각한다.
- 버림받을까 봐 두려워 상대에게 집착하고 매달린다.

의존성 성격 유형이 형성되는 **원인**은 다양하다. **유전적 요인**[3], 그러니까 물려받은 기질과 더불어 **사회 환경적 요인**이 주로 언급된다. 가령 성장 과정에서 가정과 학교에서 사랑과 지지를 받지 못하거나 따돌림을 당한 경우다. 부모가 불안이 극심해서 아이를 믿지 못하는 바람에 아이를 '과보호'하는 경우에도 아이가 그런 성격 유형으로 자랄 수 있다. 한 마디로 이 사람들은 성장 과정에서 조건 없이 베푸는 사랑과 인정과 지지를 받지 못했고, 그로 인해 튼튼한 자존감을 키울 수 없었다는 공통점이 있다.

물론 이 말을 듣고 아이가 그렇게 된 것이 다 부모 '죄'라는 결론을 내린다면 큰 잘못이다. 설령 의존적 관계 탓에 힘들어하는 성인이 어린 시절에 자존감 발달에 꼭 필요한 칭찬과 용기를 받지 못했다고 하더라도, 이것을 단순히 보호자 개인의 실책으로 몰아붙일 수는 없다. 원인의 측면에서 관련성이 있는 것은 사실이지만 그런 시각으로는 이들 가족의 현실을 제대로 이해할 수가 없다. 보통 이런 경우의 부모는 경제적 문제나 부부 갈등, 심리 문제 등으로 아이를 제대로 돌볼 수가 없었던 사람들이다. 혹은 본인이 교육을 받지 못했기 때문에 아이가 학교 공부를 따라갈 수 있도록 적절한 환경을 만들어줄 수 없었으며, 불안한 사회적 지위 탓에 자신도 불안하게 살았던 경우도 많다. 그런 부모는 아무리 의지가 있다고 해도 아이들에게 자신감을 가르쳐줄 수 없다. 이 문제는 뒤에서 다양한 사례를 통해 더 상세히 짚어볼 것이다.

애당초 사랑이란 것이 일종의 의존이 아닌가?

앞의 설명을 읽으면서 아마 당신은 이런 의문이 들었을 것이다. 의존이란 개념을 너무 일방적인 의미로, 그러니까 너무 부정적으로만 보는 것은 아닐까? 사실 '지극히 정상적인 사랑'도 의존적이지 않은가? 사랑이란 것이 애당초 의존의 한 형태가 아닌가? '진정한' 사랑을 나눌 때는 누구나 서로에게 기대지 않는가? 아주 기쁜 마음으로 서로에게 의지하지 않는가? 맞는 말이다. 특히 이제 막 사랑을 시작한 연인을 보고 있자면 저 사람들이 제정신일까 싶을 때가 많다. 사랑에 빠졌을 때 우리 마음을 가득 채우는 그 '도취의 감정'을 한번 떠올려 보라. '도취'라는 말부터가 이미 중독의 냄새를 풍기지 않는가. 사랑하는 사람의 곁에 있거나 그 사람을 떠올리기만 해도 심장이 두근거리고 얼굴이 빨개지며 땀이 솟구친다. 이런 신체 '증상' 역시 알코올 중독이나 마약 중독자의 그것과 다르지 않다. 또 사랑에 '눈이 멀면' 온종일 생각과 관심이 그 사람만을 향하고, 현실적인 판단과 균형 있는 결정을 내리지 못한다. 그런 상태 역시 병적이기는 마찬가지다. 그 사례는 뒤에서 더 살펴보기로 하자.

반대로 이별은 당사자의 몸과 마음에 지옥과도 같은 고통을 선사할 수 있고, 만날 수 없는 연인을 향한 그리움은 마약이나 술을 끊은 중독자의 금단증상 못지않을 수 있다. 도박이나 인터넷 중독 같은 행동 중독 환자들도 비슷한 증상을 겪는다(10장). 물론 중독은 의존 증상이 훨씬 두드러지므로 질병이라 부르지만 말이다.

그러니까 사랑의 상태는 이 책에서 다룰 사람들이 느끼는 정서적인 의존과 같은 것일까? 내 대답은 '절대로 아니다'다. 물론 사랑이 의존관계와 비슷하기는 하다. 특히 처음 사랑에 빠졌을 때와는 매우 흡사하다. 하지만 본질적인 차이점이 존재한다. 일반적으로 사랑이란 행동 당사자 두 명이 상호적으로 참여하는 감정 상태를 말한다. 하지만 정서적 의존은(특히 4장과 같은 예속 관계에서는) 감정 상태가 일방적이다.

두 사람이 반려자로서 관계를 맺을 때, 그러니까 같은 눈높이에서 서로를 마주하고 상대의 자율성을 존중할 때, 우리는 그것을 사랑 관계라고 부른다. "당신을 위해서라면 못할 게 없어." "당신 없이는 못 살아." "당신은 내 일부야." 두 사람은 이런 말을 끊임없이 주고받는다. 하지만 그런 말로 표현한 결속의 감정이 제아무리 강렬하다 해도, 두 사람 사이에는 아직 일정한 경계가 남아 있다. 물론 다정한 교감이나 성관계의 순간에는 잠시 그 경계가 모호해질 수도 있다. 하지만 이내 경계는 본래 자리로 돌아온다. 그래도 두 사람

사이의 결속은 허물어지지 않는다.

사랑하는 연인이 대등하고 상호적인 감정을 주고받는다는 것은 태곳적부터 시인들이 즐겨 다루었던 주제다. 카를 프리드리히 빌헬름 헤로제Karl Friedrich Wilhelm Herrosee 역시 이런 상호적 감정을 그의 유명한 시에 인상 깊게 담았다. 그 시의 첫 연은 다음과 같다.

> 당신이 나를 사랑하듯 나는 당신을 사랑하오.
> 밤에도 아침에도.
> 그 어느 날인들 당신과 내가
> 우리의 근심을 나누지 않았으리오.

훗날 루트비히 반 베토벤이 곡을 붙여 유명해진 이 시는 사랑의 무한성("밤에도 아침에도")과 상호성("당신이 나를 사랑하듯……"), 서로에 대한 근심("우리의 근심을 나누지……")을 잘 담아내고 있다. 사랑이란 이렇듯 반려 관계가 특징인, **같은 눈높이의 관계**인 것이다.

의존관계는 그렇지 않다. 의존관계는 그 성격상 좋은 반려 관계가 아니다. 관계를 맺는 두 사람의 자율성도 보장되지 않는다. 의존관계는 일방적이기 때문이다. 심지어 상대는 전혀 감정이 없는데도 의존하는 사람 혼자서 사랑한다고 상상하고 생각하는 때도 있다. 두 사람의 관계가 (4장과 11장에서 살펴볼) 예속 관계인 경우 특히 더 그러하다. 상황에 따라서는 상대가 환자에게 아무런 긍정적인 감정이 없으면서도 이기적인 의도에서 환자를 이용하려는 목적으로 관계를 맺는 경우도 있다.

이런 의존적 성향을 띠는 사람들은 극도로 양면적인 상태에서 살아간다. 한편으로는 스스로 의존적 상황을 조성하고, 그런 관계를 통해 안정을 얻지 못하면 살 수 없다고 느낀다. 그래서 우리는 이런 사람들을 '의존적' 성격이라고 한다. 하지만 이들은 또 한편으로는 바로 그런 의존성이 두려워, 어떻게든 그런 상황을 만들지 않으려고 애를 쓴다.

의존성이 강한 사람들도 자신의 문제점을 느낀다. 의존관계로 인해 자신을 잃어버린다는 것을, 자신이 스스로를 포기하면서까지 상대에게 맞추며 산다는 것을, 자율성을 포기하면 평생 혼자 서지 못한다는 것을 자신도 잘 안다. 그래서 의존관계를 찾아 헤매면서도 동시에 자꾸만 그런 관계에서 달아나려고 한다. 그 결과 이들의 삶은 깊은 관계를 향한 동경과 그 관계에 대한 불안의 끝없는 투쟁이 된다. 이들의 성격 깊은 곳에 뿌리내린 갈등을 도널드 번햄Donald L. Burnham과 그 동료들[4]은 '동경과 불안의 딜레마'라고 설명한다.[5]

이들과 달리 심리적으로 성숙한 사람들은 깊은 정서적 관계를 맺으면 거리낌 없이 서로에게 다가가 의존할 수 있다. 상대로 인해 자신을 잃어버리거나 자신의 개성이 없어질지 모른다는 두려움이 없기 때문이다. 이런 긍정적인 의존성을 갖추기 위해서는 일관성과 의연함을 보유한 안정된 자아가 형성되어 있어야 한다. 성숙한 사람들은 중심이 잘 잡혀 있기에 관계를 맺는 데 필요한 기반도 안정되어 있다. 이들은 이 기반을 바탕으로 심도 있는 관계를 맺고, 상대에게 필요한 만큼 자신을 내맡길 수 있다.

2장

사소한 일도
확인받아야만 하는 사람

의존성 성격 장애 환자들을 괴롭히는 가장 큰 문제는 '뭘 해도 제대로 하는 것이 없다'는 기분이다. 1장에서 설명했듯 이들은 불안이 매우 심하므로 자신은 매사 실수하고 서툴어서 늘 주변 사람들에게 혼나기만 한다는 기분에 사로잡혀 있다. 이들이 문제를 해결하는 유일한 방법은 다른 사람에게서 잘했다고 확인을 받는 것이다. 하지만 아무리 확인을 받아도 이들의 의심과 불안은 해소되지 않는다. 그러니 아무리 확인을 받고 또 받아도, 결국 밑 빠진 독에 물 붓기와 다를 것이 없다.

아니카 밀러는 어릴 적부터 늘 뭘 해도 제대로 하는 게 없고 뭘 선택해도 틀렸다는 생각에 괴로워했다. 그래서 극심한 불안과 자괴감에 시달렸고, 그 불안을 해소하기 위해 정말로 사소한 결정도 무조건 어른의 확인을 받으려고 했다.

학교에 다닐 때는 수업 시간이 끝날 때마다 선생님께 달려가서 필기한 내용이 옳다는 확인을 받았다. 처음에는 선생님들이 열심히 공부한다고 칭찬을 해주었다. 하지만 그것도 한두 번이지, 매일 같이 달려와 확인을 부탁하는 학생이 반가울 리 없었다. 아니카가 귀찮고 부담스러워진 선생님들은 건성으로 대답하거나 짜증을 내며 이제 그만하라고 야단을 쳤다. 아니카는 그런 선생님들의 태도에 상처를 받았지만, 온갖 다른 방법을 동원해서라도 어떻게든 잘했다는 확인을 받으려 애썼다. 그래야 잠시나마 마음이 편했기 때문이다. 가령 프랑스어 수업 시간이면 연신 손을 들어 선생님께 자기가 지금 쓴 문장에 틀린 곳이 없는지 봐달라고 부탁했다. 수학 수업이 끝나면 숙제를 봐달라며 공책을 교탁에 던져놓고 선생님이 뭐라고 대답하기도 전에 얼른 교실 밖으로 달려나가 버렸다. 선생님이 안 된다고 하면 아니카는 울음을 터트렸고 제발 잘했는지 검사해달라고 울며 애원했다.

아니카는 볼펜이나 만년필을 사용하지 않았다. 연필만 고집했다. 그마저도 힘을 주지 않고 희미하게 적었고, 크기도 작게 써서 선생님들이 글자를 읽는 데 애를 먹었다. 읽을 수 있는 글자보다 어림짐작해야 하는 글자가 더 많을 지경이었다. 한 번은 아니카가 평소 믿고 잘 따르던 선생님께 그 이유를 털어놓은 적이 있었다. 연필로 쓰면 언제라도 지울 수 있다는 것이 이유였다. "분명 제가 잘못 쓴 데가 있을 거예요. 그래도 얼른 지우면 아무도 모르잖아요."

아니카의 부모는 딸의 성적에 관심이 많았다. 어머니는 제대로 된 기술 교육을 받은 적이 없어서 가사도우미 일을 했다. 아버지는 전기기사 기술 교육을 받고 회사에 취직해서 성실히 일한 덕에 팀장으로까지 승진했다. 그래서 경제적으로는 별 어려움이 없었지만, 부모는 각자의 삶에 만족하지 못했다. 모르는 사람과는 직업 이야기를 피했고, 아니카에게도 아무한테도 엄마 아빠의 직업을 말하지 말라고 당부했다. 아니카가 보기에도 부모는 자신들의 사회적 지위를 수치로 여겼다.

딸이 자신들보다 나은 삶을 살기를 원했기에 부모는 아니카의 성적에 큰 관심을 쏟았다. 'B' 나 'C'로는 절대 부모를 만족

시킬 수 없었다. 어떤 시험이건 무조건 'A'를 받아야 했다. 그 래서 아니카는 학교를 다니는 내내 마음이 무거웠고, 시험을 치거나 성적표가 나오는 날이면 겁이 나서 벌벌 떨었다. 딸이 기대만큼 좋은 성적을 받지 못하면 어머니는 며칠이고 몇 주고 말을 하지 않았다. 필요한 말 이외에는 아무 말도 하지 않는 '조 용한 나날'이었다. 잘 자라거나 잘 잤느냐는 인사, 학교에 잘 다 녀오라는 인사도 하지 않았다. 식사 시간이면 부모는 아니카가 그 자리에 없는 것처럼 두 사람만 이야기를 나누었다. 혹시 아 니카가 대화에 끼어들려고 하면 아니카의 말을 못 들은 것처럼 아무 대답도 하지 않았다. 이렇듯 심리적인 테러와도 흡사한 부모의 태도는 당연히 어린 딸에게 깊은 트라우마를 남겼다.

아니카는 나이가 들수록 점점 더 불안에 떨고 초조해하는 성 격으로 변했다. 부모에게 조언을 구하면 야단맞지 않을 수 있 을까 했지만, 부모는 일절 조언을 해주지 않았다. 무엇을 묻든 그저 혼자 알아서 하라는 대답만 돌아왔다. 사실 아니카의 부 모는 본인들이 다방면으로 확신이 부족한 사람들이어서, 학교 생활은 물론이고 직업 선택 문제에서도 딸에게 적절한 조언을 해줄 수 없는 처지였다. 그 결과 아니카의 불안은 날로 심해졌다. 아니카가 학교를 졸업하고 영업사원 교육을 받기로 하자 부모는 딸에게서 완전히 등을 돌리고 말았다. 아니카는 부모가 '열등하다'라고 생각하는 직업을 선택하는 바람에 부모를 크게 실망시켰고 상처를 주었다고 생각했다.

직업 교육을 받는 동안에도 학교에서와 다를 바 없이 힘들었다. 아니카는 절망스러운 심정으로 가까운 사람에게 도움을 청하려고 발버둥을 쳤다. 하지만 학교에서와 마찬가지로, 발버둥을 치면 칠수록 돌아오는 것은 정반대의 결과였다. 처음엔 동료들도 아니카를 도와주려고 했다. 하지만 아니카가 시시콜콜 물어대고 사사건건 확인을 해달라고 졸라대니 다들 얼마 못 가 부담감에 그에게서 멀어졌다. 그럴 때마다 아니카는 마음의 상처를 받았고 어찌할 바를 몰랐다. 나아가 부담스러워하는 동료들의 태도를 보면서 어린 시절부터 가슴 깊이 묻어두었던 우려가 맞았다고 확신했다. 아니카는 늘 생각했다. "그래, 난 뭘 해도 제대로 하는 게 없어."

어느 날 동료에게 이런 속내를 털어놓았다가 그가 건넨 말에 아니카는 큰 충격을 받았다. 동료는 아니카에게 그렇게 계속 남의 인정과 확인을 받으려는 이유가 뭔지 아느냐고 물었다.

아니카는 그의 질문에 화들짝 놀랐다. 지금껏 단 한 번도 자신의 행동에 문제가 있다고 생각해본 적이 없었기 때문이다. 물론 이성적으로는 주변에 자기처럼 행동하는 사람이 없다는 걸 잘 알았지만, 자신의 행동이 심리적인 문제 때문일 수 있다는 생각은 한 번도 해보지 않았다. 이어서 동료가 다른 사람들의 조언에 매달리는 건 결국 책임지는 게 두렵기 때문이 아니냐고 말하자, 아니카는 완전히 혼란에 빠지고 말았다.

위에서 소개한 아니카의 사례는 의존성 성격 장애 환자의 전형적인 감정과 행동방식을 잘 보여준다. 심한 불안과 낮은 자신감, "난 뭘 해도 제대로 하는 게 없"다는 식의 자괴감이 아니카의 인생 전반을 꿰뚫고 있다. 다른 사람들에게 자신의 성취도를 묻고 잘하고 있다는 확인을 받음으로써 불안을 무마하려는 극단적인 노력 역시 의존성 성격 장애 환자의 전형적인 특징이다.

이에 대한 아니카의 학교 선생님들, 친구와 동료 등 주변 사람들의 반응 역시 마찬가지로 전형적이다. 처음에는 사명감을 느끼고 도와주려 애쓴다. 하지만 모두가 얼마 못 가

손을 들고 만다. 계속되는 질문과 집요한 요청에 숨이 막히기 때문이다. 아니카의 주변 사람들도 다 그랬다. 괴로워하는 아니카가 안쓰럽고 양심의 가책이 들지만, 아무리 도와주고 지지해줘도 소용이 없다는 것을 깨닫자 마음의 문을 닫고 그에게서 멀어졌다. 아니카의 불안과 자괴감은 외부에서는 아무리 노력해도 결코 해결될 수 없는 것이기 때문이다.

아니카가 쓰는 필기도구 역시 그와 같은 사람들의 심리를 이해하는 데 흥미로운 단서를 제공한다. 어릴 때는 물론이고 어른이 되어서도 아니카는 볼펜이나 만년필을 거부하고 연필을 고집했다. 의존성 성격 장애 환자들은 자신이 저지른 실수가 볼펜으로 쓴 글씨처럼 '박제되어' 지울 수 없게 될까 봐 겁을 낸다. 연필로 적으면 틀리게 썼어도 언제든지 지울 수 있으니 없었던 일처럼 무마할 수 있다. 그럼 자신이 틀렸다는 사실을 아무도 알아차리지 못할 것이고 말이다.

작고 흐릿한 글씨체 역시 비슷한 기능을 한다. 글씨체를 보면 자괴감에 시달리는 불안한 성격이 잘 드러난다. 의존성 성격을 때로 무력한 성격asthenic personality이라고 칭하는 이유도 그 때문이다(그리스어 athenes는 허약하다, 힘이 없다, 무력하다는 뜻이다). 또, 이들은 읽기 힘들 정도로 작게 글씨를 써서 모든 가능성을 열어두어, 글자의 내용을 확정하기 힘들게 만든다. 그러면 실수가 있었음이 밝혀지더라도 상대가 잘못 읽었다고 핑계를 대고 빠져나갈 수 있는 것이다.

이런 태도에서 의존성 성격 장애 환자들의 특징적 성격을 한 가지 더 알 수 있다. 이들은 마음 속에 늘 실수를 저질렀을지도 모른다는 공포와 불안을 품고 있기 때문에, 모든 수단을 총동원해서 자기 행동에 '책임을 지지' 않으려고 애를 쓴다. 이들은 자신이 책임을 질 능력이 없는 사람이라고 생각하기 때문이다. 아니카가 글씨를 읽기 힘들 정도로 작고 흐리게 쓰는 것도 책임을 회피하려는 전략이다.

자기 행동에 책임을 지려면 어느 정도의 성숙한 인성이 필요하다. 하지만 아니카와 같은 사람들은 인성이 그 정도로 성숙하지 못하다. 아니카의 경우엔 부모의 극심한 기대와 요구 때문에 성숙한 인성 발달이 불가능했다. 아니카의 부모는 자신들이 이루지 못한 꿈을 딸에게 전가했다. 무슨 일이 있어도 자신들이 이루지 못한 꿈을 이루어야 한다며 딸에게 혹독하리만치 지나친 기대를 걸었다. 하지만 또 한편으로는 그들 스스로가 불안하고 자신들이 무능하다고 생각하기에, 딸이 꿈을 이루는 데 필요한 지지와 응원을 해줄 수가 없었다.

아니카의 부모 같은 양육자의 이중적인 태도가 문제의 원인인 경우도 많다. 이들은 자녀에게 성장 단계의 적정 수준을 훨씬 넘어서는 자립을 요구한다. 자녀가 도움을 청하며 자신들에게 매달리면 혼자 알아서 해야 한다며 단호하게 거절한다. 아니카가 진로 고민으로 불안해서 부모에게 조언을 청했을 때도 아니카의 부모는(물론 딸의 성적에 실망했기 때문이기도 하지만) 혼자 알아서 하라고만 대답했을 뿐이다. 하지만 또 한편으로는 아이에게 죄책감을 불어넣거나(아니카의 집에서 쓰는 체벌 방법인 '침묵의 나날'처럼) 아이를 냉대하여 아이가 '무릎을 꿇게' 만드는 방식으로 자녀를 자기 곁에 꼭 붙들어둔다. 그 결과 아이는 자율성을 거세당해 자신의 일에 책임질 줄 아는 자립적인 인간으로 성장하지 못하게 되고, 심한 경우 점점 더 의존적으로 변해 간다.

그러므로 아니카가 의존적인 성격으로 자란 이유를 분석하려면, 자신의 인생에 만족하지 못하고 불안에 떠는 부모와 그 부모의 요구에 짓눌려 숨을 쉴 수 없었던 딸이라는 불행한 관계의 구도를 헤아려야 한다. 자신의 상황에 만족하고 자신감이 충분한 부모라면 자녀에 대한 기대도 적정한 수준에서 거둘 수 있다. 설사 기대를 다 접지는 않더라도, 딸에게 자신이 이루지 못한 꿈을 이루어달라고 요구하지는 않을 것이다. 게다가 아니카는 천성적으로 예민한 아이여서 부모의 과도한 요구에도 감히 맞설 수가 없었을 것이다. 이런 상황에서 그가 생각할 수 있는 유일한 탈출구는 보호자에게 의지하고 무슨 일이든 잘했다는 확인을 받는 방법이다.

앞에서도 보았듯 아니카는 심각한 자괴감과 그로 인한 과도한 의존성이 심리적인 문제 때문이라는 생각을 단 한 번도 해본 적이 없었다. 놀라운 일이지만 이 역시 의존성 성격 장애 환자의 특성이다. 물론 이들도 자신의 행동이 대체로 주변 사람들의 행동과 다르다는 사실은 알고 있다. 하지만 자신의 감정과 불안은 너무나 '당연한 것'이기에 그것이 장애일 수도 있겠다는 생각을 전혀 하지 못한다.

그래서 아니카 같은 사람들은 스스로 전문가를 찾아오는 경우가 없다. 환자의 가족이나 친구들이 이런 환자에게 특히나 더 용기를 주고 치료를 권유해야 하는 이유다. 관계 의존적 성향을 띠는 사람은 평생 불안에 시달리면서도 이렇게 생각한다. "나는 원래 이런 사람이니까 이렇게 사는 수밖에 없어." 자기 행동의 문제를 고민하다가도 결국엔 이런 결론을 내리고 만다. "날 도와줄 사람은 없어."

앞서 아니카의 동료가 그랬듯 상대의 행동이 특이하다고 지적해주기만 해도 큰 도움을 줄 수 있다. 의존성 성격 장애 환자는 자신의 행동이 '당연하다', '바뀔 수 없다'라고 생각하기 때문에 그런 지적이 환자에게 새로운 시각을 열어줄 수 있다. 상황에 따라서는 그 지적을 계기로 환자가 용기를 내어 심리치료를 시작할 수도 있다. 일반적으로 아니카 같은 사람들을 치료할 때 가족을 동반하게 한다. 가족이 오히려 환자 자신보다 환자의 특이한 행동과 고통에 대해 더 상세하게 설명해줄 수 있기 때문이다.

요점 정리

○ 의존관계는 불안이 원인일 수 있다.

○ 의존성 성격 장애 환자는 무슨 일이 있어도 갈등을 피하려 하므로, 과도할 정도로 상대에게 순응한다.

○ 의존성 성격 장애 환자는 상대의 기대를 채워주지 못하면 벌을 받거나 외면당할까 봐 겁을 낸다.

○ 용기는 주지 않고 요구만 많이 하는 부모의 교육은 이런 성격 장애의 원인이 된다.

○ 이들은 무슨 일이든 잘했다는 타인의 확인이 필요하므로 가족이나 친구를 계속 괴롭게 한다.

○ 이들 스스로는 자신의 행동을 '당연'하다고 생각하는 경우가 많다.

당신이 할 수 있는 일

의존성 성격 장애 환자라면

☺ 뭘 해도 잘하지 못할 것이라는 생각은 그저 당신의 주관적인 불안일 뿐이다. 이 사실을 명심하자.

☺ 가족과 친구가 선의를 품고 당신에게 건네는 조언을 허투루 듣지 말자.

☺ 당신이 오랜 세월 남들에게 심하게 의존하며 살았다는 것을 깨달았더라도, 자신에게 실망하지 말자. 인간은 평생 성장할 수 있는 존재임을 잊지 말자.

가족이나 친구라면

☺ 의존적인 가족이나 친구가 최대한 자립할 수 있도록 옆에서 힘껏 도와주자.

☺ 때로 짜증이 나고 분통이 터지더라도 참아주자.

☺ 전문적인 치료가 필요한 상태라고 판단되면 조심스럽게 치료를 제안하자. 이때 치료를 재촉해서는 안 된다. 좋은 말로 조언하는 수준에 그쳐야 한다.

3장

혼자서는 아무것도
못 하겠다는 사람

마르크는 겁 많고 소심한 아이였다. 그의 부모는 친구들의 부모보다 비교적 나이가 많았다. 그가 태어날 당시 어머니가 40대 초반이었고 아버지는 이미 50세였다. 마르크의 부모는 결혼을 늦게 한 데다 아이가 얼른 생기지 않아서 애를 태웠고, 마르크를 겨우 낳은 후로는 더는 아이를 갖지 못했다.

마르크는 부모가 애타게 기다리던 외동아들이었고, 이 사실은 가족의 분위기에 큰 영향을 미쳤다. 어머니가 일찍부터 소아청소년과 의사에게 한탄했듯 마르크는 자라는 내내 '입이 짧은 아이'였다. 어머니는 아들에게 밥을 먹이려고 애를 썼다. 하지만 아들의 체중은 늘 또래 평균 체중보다 적었다. 소아청소년과 의사는 마르크가 '몸이 좀 약한' 것뿐이니 너무 걱정할 필요 없다고, '조금 더 크면 튼튼해질'거라고 말하며 어머니를 안심시켰다. 하지만 어머니는 좀처럼 마음을 놓지 못하고 주기적으로 아들의 체중을 점검했고, 혹시라도 아들이 아플까 봐 내내 노심초사했다.

이렇듯 어머니의 지극한 보살핌을 받으며 자라다 보니 마르크는 일찍부터 어머니의 불안을 이용했다. 하기 싫은 일이 있을 때마다 몸이 안 좋다고 둘러댔다. 어머니의 반응은 한결같았다. "그럼 어서 가서 누워라, 푹 쉬어야지." 어머니가 해주신 음식이 먹기 싫을 때도 마찬가지였다. 마르크가 얼굴을 찌푸리며 속이 안 좋다고 우겨도 어머니의 반응은 같았다. "그럼 너 좋아하는 거로 다시 해주마." 아버지는 이런 어머니의 반응이 '과하다'라고 느꼈고 그러다가 애 버릇 잘못 들인다며 몇 번이나 잔소리했다. 하지만 아버지 역시 근본적으로 소심한 사람이었기에 결국엔 아들을 과보호하는 아내에게 손을 들고 말았다.

이런 행동 이외에도 어린 시절 마르크에게 몇 가지 특이한 점이 더 있었다. 가령 보통 아이들은 어두운 곳을 무서워하기는 해도 생후 몇 개월 혹은 1년 정도면 괜찮아지지만, 마르크는 아무리 나이를 먹어도 도무지 나아지지 않았다. 어두운 방에서는 절대 잠을 잘 수 없었다. 그래서 항상 방문을 열고 거실 불을 켜두었다(이는 어른이 되어서도 마찬가지였다). 더구나 마르크는 거의 매일 밤 악몽을 꾸었고, 꿈에서 깨면 울면서 안방으로 달려와 어머니에게 같이 자달라고 애원했다. 아버지는 혼자 자는 훈련을 시켜야 한다고 주장했지만 결국 이번에도 아들을 감싸는 어머니에게 지고 말았다. 어머니는 '불쌍한 애한테 너무 모질다'라며 아버지를 타박했고 아들이 '예민한 애'라서 어쩔 수 없다고 우겼다. 마르크는 16세가 되어서도 밤마다 자다 깨서 무섭다며 안방으로 달려왔다. 하지만 이때부터는 어머니도 너무하다 싶었는지 아들이 울먹이며 '혼자서는 못 견디겠다'라고 애원해도 혼자 자야 한다고 제 방으로 돌려보냈다.

마르크는 학교에 갈 나이가 되었을 때도 친척 집이나 할머니 댁에 혼자 가 있지 못했다. 엄마가 친척 집 말만 꺼내도 울음을 터트렸고, 가보면 재미있을 거라고 부모가 설득해도 비명을 지르며 벌벌 떨었다. 결국, 부모는 포기하고 말았고 아이는 부모 없이 단 몇 시간도 혼자 있는 경험을 해보지 못했다.

당연히 유치원과 학교에 들어갈 때도 한바탕 난리를 겪었다. 유치원에 입학하기 몇 달 전부터 부모가 이제 곧 유치원에 갈

거라고 말을 하면 마르크는 바로 울음을 터뜨렸다. 아이는 울며불며 안 가면 안 되냐고, 엄마랑 같이 있고 싶다고, 다른 애들이 무섭다고 하소연했다. 입학을 앞둔 며칠 동안에는 거의 잠도 자지 않았고 서럽게 울어대며 온종일 엄마 치맛자락만 붙들고 있었다. 유치원에 입학하는 날 아침, 마르크는 엄마에게 달라붙어 떨어지지 않았고 젖 먹던 힘까지 다해 울고불고 고함을 지르며 집 밖으로 안 나가려고 발버둥을 쳤다. 결국, 어머니는 완력으로 아이를 차에 태워 유치원으로 데려갔다. 유치원에 도착하고도 아이가 엄마에게 달라붙어 계속 울어댔기 때문에, 선생님은 하는 수 없이 어머니에게 그날 오전에만 유치원에 같이 있어도 좋다고 허락했다. 마르크는 한시도 어머니에게서 떨어지지 않았고 선생님이 친구들이랑 같이 놀자고 아무리 구슬려도 완강하게 거부했다. 그 주 내내 같은 상황이 되풀이되자 선생님은 결국 어머니에게 아들을 데려다주기만 하고 바로 집으로 돌아가라고 부탁했다.

학교에 들어갈 때도 상황은 비슷했다. 학교에 처음 가는 며칠 동안 마르크는 어머니가 가자마자 울고 불며 악을 썼다. 학교에서 마르크는 외톨이였다. 집단 따돌림의 피해자가 된 적도 있었다. 마르크가 친구들이나 선생님이 한 마디만 지적해도 바로 울음을 터트렸기 때문에 친구들은 그를 울보라고 놀렸다. 또 다른 아이들이 툭툭 쳐도 아무 말 못 하고 가만히 있었기 때문에 아이들은 그를 '바보', '겁쟁이'라고 놀렸다. 심지어 6개월 정도 귀갓길에 상급생들에게 돈을 빼앗긴 적도 있었다. 돈을 주지 않으면 맞았다. 이 사실을 알고 놀란 부모는 아들을 전학시켰다.

마르크는 중간 정도의 성적으로 겨우 고등학교를 졸업했다. 부모는 아이를 대학에 보내지 않았다. 마르크가 공부를 너무 힘들어하는 것 같기도 했고, 마르크 역시 빨리 학업을 마치고 싶다는 뜻을 부모님께 비추었기 때문이다. 마르크는 앞으로 뭘 해서 먹고살 것인지, 어떤 직업을 원하는지 아무런 의지가 없었다. 아버지는 마르크에게 아버지 친구의 회사에 이력서를 내보는 게 어떻겠냐고 물었고, 마르크는 그러겠노라고 대답했다. 회사 사장이 아버지 친구였고, 사모님도 마르크의 대모였기 때문이다. 두 분 모두 마르크의 부모님과 막역한 사이여서 어릴 적부터 왕래가 잦았다. 덕분에 마르크는 회사에서도 마음이 편했고 실제로 이런 개인적인 관계 덕분에 여러 가지 특혜를 누렸다. 회사 사람들은 다방면으로 그를 많이 배려해주었다.

회사에는 마르크보다 열 살 연상인 안나라는 여성이 있었다. 안나는 마르크를 보자마자 그가 예민하고 겁이 많고 소심하다고 느꼈고 왠지 그를 잘 보살펴주어야겠다는 마음이 들었다. 안나는 마르크만큼이나 소심해서 지금껏 남자와 깊은 관계를 맺어본 적이 없었지만, 시간이 갈수록 마르크에 대한 감정이 커졌다. 하지만 마르크는 자신과 가까워지려는 안나의 노력이 부담스럽고 성가셨다. 특히 여자와 성관계를 한다고 생각하면 어찌해야 할지 막막하기만 했다. 다행히 안나 역시 그 부분에선 경험도 없고 욕구도 없었기에 마르크의 불안은 조금 줄어들었다.

두 사람이 사귄 지 2년이 지날 무렵이 되자 안나가 슬슬 '결혼'의 뜻을 내비쳤다. 마르크는 망설였다. 남편 노릇을 잘할 수 있을지, 혹시 자녀라도 생기면 아빠 노릇이나 할 수 있을지 겁이 났기 때문이다. 그래서 안나가 자녀 생각은 없다고 말했을 때 크게 안도했다. 안나 역시 자신이 자녀를 키울 능력이 되지 않는다고 생각했다. 결국, 청혼을 한 쪽은 안나였다. 마르크는 안나의 청혼을 받아주었다.

안나와 결혼한 후에도 마르크는 부모에게 많이 의지했다. 안나 역시 오래전에 부모를 여읜 터라 시부모와 각별하게 지냈다. 몇 년 후 아버지가 암으로 돌아가시고 이듬해 어머니마저 암으로 아버지를 따라 떠나자 마르크는 엄청난 충격을 받았다. 안나는 남편이 얼마나 힘들지 잘 알기에 남편의 마음을 편하게 해주려고 최선을 다했다. 가정에서도 회사에서도 모든 문제를 혼자 알아서 처리했고, 친구에게 털어놓았듯 '마르크의 부모가 되어주겠다'라고 결심했다. 남편은 그동안 힘들게 살았으니 보살펴줄 사람이 필요할 것이고, 자신이 바로 그 사람이 되어주고 싶었다.

하지만 이런 아내의 노력에도 마르크의 건강 상태는 크게 나빠지기 시작했다. 불안이 심해졌고 몇 번 공황이 오기도 했으며, 전보다 더 사람들을 피했고 직장 일도 힘들어했다. 수면장애와 우울감이 더해지자 안나는 남편에게 병원에 가보자고 재촉했다. 남편이 알았다고 하면서도 계속 예약을 미루었기에 결국 안나가 병원에 전화를 걸어 날짜를 잡은 후 남편을 데리고 병원으로 갔다.

의사는 마르크에게 우울증, 불안장애, 사회불안장애 진단을 내렸다. 또 이대로 가다가는 번아웃에 이를 것이라고 경고했다. 의사는 항우울제를 처방했고 마르크가 '위급할 때 효과가 빠른 약'이 필요하다고 졸랐으므로 진정제인 벤조디아제핀을 같이 처방해주었다. 하지만 벤조디아제핀은 자주 복용하면 안 되고 '정말로 위급할 때, 심한 공황이 왔을 때만' 사용해야 한다고 몇 번이나 강조했다.

벤조디아제핀이 항우울제보다 효과가 빨라서 금방 불안을 잠재울 수 있었기에 마르크는 의사가 권유한 횟수보다 훨씬 더 자주 그 약을 먹었다. 그 후로도 그는 몇 번 더 의사를 졸라 그 약을 처방받았다. 결국 의사가 벤조디아제핀은 중독성이 높아서 더는 처방해줄 수 없다고 잘라 말하기에 이르렀다. 의사는 마르크가 이미 약에 중독되었을까 봐 걱정했다. 그래서 벤조디아제핀 중독을 치료할 수 있는 종합병원 정신과로 서둘러 찾아가 보라고 권했다.

마르크는 망설였지만, 의사와 아내의 채근에 못 이겨 종합병원으로 향했다. 아내는 그사이 남편 뒷바라지에 지친 상태였으므로 더욱 남편에게 병원으로 갈 것을 재촉했다. 그 시기 마르크는 극심할 정도로 아내에게 의존했기 때문에 아내는 탈진 상태를 넘어 극심한 분노에 사로잡혔다. 매사 수동적인 남편의 모습에 화가 치밀었다. 한번은 부부 싸움을 하다가 안나가 마르크에게 이렇게 쏘아붙였다. "제발 이제 좀 혼자 알아서 해. 내가 당신 베이비시터는 아니잖아."

종합병원 정신과에서 정밀 진단을 받은 결과, 마르크는 기존에 진단 받은 불안장애, 공황장애, 우울증, 사회불안장애 외에도 심각한 관계 중독이라는 진단을 추가로 받았다.

마르크는 불안이 심하고 가족과 친구에게 크게 의존하는 전형적인 의존성 성격 장애 환자다. 앞에서도 설명했듯 이런 의존성은 어린 시절부터 그의 삶 전반에 각인된 행동 패턴이었다. 그는 불안이 심하여 부모에게 크게 의존했고, 어른이 되어서는 아내에게 의존했다. 마르크가 보인 수동성과 의존성, 자신이 할 결정을 남에게 맡기려는 성향은 의존성 성격 장애 환자의 전형적인 특징이다.

이런 의존성 성격 장애 환자는 어릴 적부터 보호자가 곁에 없으면 극심한 불안과 고통을 느낀다. 밤마다 혼자 자야 하는 상황을 도저히 견딜 수 없고, 잠시라도 집을 떠나면 어서 집에 가고 싶어 미칠 것 같은 기분을 느낀다. 마르크는 어릴 적에 이를 이런 말로 표현한 적이 있었다. "혼자서는 도저히 못 견디겠어." 또 중요한 결정을 앞둔 때마다 어찌해야 할지 막막하고 암담해하고, 누군가 나서서 대신 결정을 내려주었을 때는 하늘을 날듯 기뻐한다. 마르크의 이야기를 쭉 읽다 보면 그는 사실상 단 한 번도 자신이 바라는 것을 좇아 그에 맞는 결정을 내린 적이 없었다. 다른 사람이 만들어놓은 상황에 끌려들어가고, 그냥 그 상황을 받아들였을 뿐이다. 직장을 택할 때도 그랬고 그 직장에서 일할 때도 그랬으며 심지어 결혼할 때도 아내의 결정을 따랐을 뿐이었다.

주도적으로 나서야 할 순간에도 수동적이기만 한 마르크의 태도 역시 의존성 성격 장애 환자의 또 한 가지 특징이다. 이런 수동적인 태도는 여러 가지 이유에서 문제를 일으킨다. 첫째, 환자가 자신의 인생을 주도적으로 살지 못하도록 방해하기 때문에 환자는 점점 더 주변 사람들에게 의지하게 된다. 둘째, 가족이나 친구들은 그런 수동적인 태도를 보고 화가 치밀어 오른다. 시부모가 돌아가신 후 남편을 최대한 도와주겠다고 결심했던 안나마저도, 결국엔 매사에 우유부단하고 소극적인 남편의 태도에 신물이 나서 "제발 이제 좀 혼자 알아서 해"라고 버럭 고함을 지른다.

이들이 환자를 비난하는 이유는 환자의 소극적인 태도가 그가 나태한 탓이라고 생각하기 때문이다. 그러나 환자로서는 아무리 능동적으로 움직이려고 해도 **그럴 수가 없다.** 분명 환자도 혼자 해보려고 꾸준히 노력했을 것이다. 하지만 실수할까 봐 겁이 나고 자꾸만 옆 사람에게 기대고 싶어지므로 아무리 노력해도 뜻대로 되지 않을 것이다.

이렇게 의존적인 사람들을 옆에서 지켜보는 가족이나 친구, 동료들은 모순된 두 가지 감정을 느낀다. 한편으로는 상대가 너무 안쓰러울 것이고 심지어 그를 도와주어야 한다는 의무감이 든다. 시부모가 돌아가신 후 안나가 느꼈던 감정이 바로 그것이다. 안나는 그런 사명감에 불타 지칠 때까지 최선을 다해 남편을 도왔다. 하지만 또 한편으로는 무력감에 시달린다. 아무리 노력해도 달라지지 않는 환자를 보면서 자신의 능력에 의구심이 들고, 심한 경우 이용당하는 것 같은 기분이 들 수도 있다. 안나 역시 그런 부담감 탓에 결국 남편에게 입원을 권했다. 오랜 세월을 거쳐 형성된 남편의 행동 패턴을 혼자서 단기간에 바꿀 수는 없다는 현실을 깨달은 것이다. 물론 환자의 부모나 형제자매, 친구는 환자를 도와주기 위해 할 수 있는 모든 노력을 다할 것이다. 하지만 도움을 언제, 어떤 조건에서 멈추어야 할지를 현실적으로 판단하는 것도 그런 노력 못지않게 중요한 일이다.

이런 맥락에서 당신의 환자의 가족이나 친구라면, 자신의 지원이 어떻게든 **긍정적 효과**를 발휘하는지도 함께 따져봐야 한다. 물론 인간관계에서 모든 것을 효율의 관점에서만 판단할 수는 없다. 또 환자와 함께 살다 보면 성공 가망이 없다 해도 계속 도움을 주어야 할 상황이 있기 마련이다. 하지만 한계를 넘어서는 지원은 **부정적 효과**를 초래할 수 있다. 부모의 과보호, 특히 어머니의 과도한 보호는 자녀가 불안에 떠는 독립적이지 못한 어른이 되는 데 적지 않은 영향을 끼친다. 마르크의 삶이 바로 그런 위험을 입증한다. 마르크는 어머니의 과보호로 인해 힘든 일을 이겨내고 자신의 길을 걸으며 자신감을 키우는 과정을 경험하지 못했다.

또한, 과도한 도움은 치료 시점을 늦춘다. 불행하게도 주변 사람들의 대응이 환자의 의존성을 키우는 경우도 많다.

분가 후 옆에서 도와줄 부모님이 없었다면 마르크는 치료의 필요성을 느끼고 더 일찍 병원을 찾았을 것이다. 그가 입원하게 된 것도 결국엔 아내가 너무 지쳐서 예전처럼 모든 문제를 다 해결해줄 수 없었기 때문이다. 성장기에도 그는 불안이 심하고 우유부단하여 어떻게든 결정을 피하려 했다. 부모는 자녀를 너무 아낀 탓에 자녀의 모든 문제를 대신 해결해주려 했다. 아이가 밤에 부모의 침실로 들어와도 내버려두었고 유치원에도 따라다녔으며, 아들이 성인이 된 후 직장이 필요할 때도 친구의 직장에 자리를 알아봐주었다. 아내인 안나 역시 마찬가지였다. 마르크는 아내와의 관계에서도 적극적인 남편이 아니었다. 아내가 남편을 택했고 심지어 남편을 '구해주려고' 노력했다.

환자를 언제까지 옆에서 도와주고 지지해야 할지를 고민할 때는 그의 상황뿐 아니라 **당신의 상황**도 염두에 두어야 한다. 환자의 모든 문제를 해결해주고 온갖 근심을 해소해주려 노력하다가 당신이 지쳐서 쓰러진다면 그건 환자나 당신 모두에게 아무런 도움이 안 되기 때문이다. 자신을 생각하는 건 결코 이기심이 아니라, 자기 돌봄이다. 자신을 모조리 희생하고 쓰러질 때까지 노력하는 건 오히려 환자에게 나쁜 모델을 제공한다. 안 그래도 환자는 문제를 제대로 해결하지 못하는 사람인데, 그런 상황에서 지칠 때까지 노력한다면 당신까지 나서서 건설적이지 못한 해결 방안을 몸소 보여주는 꼴이다.

더구나 타인을 위해 극단적일 정도로 에너지를 투자하는 사람들은 기력이 없기 마련이고, 아무리 노력해도 돌아오는 결과가 없다 보니 실망하게 되어 인내심을 잃고 공격적인 반응을 보이는 경우가 많다. 심할 때는 자기도 모르게 입에서 과한 비난이 튀어나오기도 한다. 위의 사례에서 안나도 견디다 못해 남편에게 "제발 이제 좀 혼자 알아서 해. 내가 당신 베이비시터는 아니잖아"라고 소리를 질렀다.

이뿐 아니라 당신이 자꾸만 환자를 도와주다 보면 환자의 자존감이 더욱더 떨어진다. 당신이 그를 대신해 매사에 책임을 떠안으면, 환자는 당신이 자신을 믿지 못한다고 생각하게 된다. 즉, 환자가 보기에 당신은 못 하는 일이 없지만 자신은 할 줄 아는 일이 하나도 없는 것이다. 따라서 정 환자를 돕고 싶다면 환자가 자신을 능력 있는 반려자로 느낄 수 있도록 함께 문제를 해결하는 방식을 채택하는 것이 좋다.

의존성 성격 장애 환자가 가진 또다른 문제는 바로 중독에 빠질 위험성이 높다는 것이다. 의존적인 사람들은 각종 불안에 시달리기 때문에 이런 불안을 잠재워줄 수 있는 수단을 찾기 마련이다. 안타깝게도, 그런 상황에서 가장 효과가 빠른 수단이 술이다. 문제는 술이 몸과 마음, 인간관계에 매우 부정적인 영향을 미친다는 데 있다. 갈등을 해결하기 위해 술을 마시는 경우 신체적·심리적 중독에 빠질 위험이 크다. 따라서 이들이 술을 '문제 해결책'으로 쓰지 않도록 각별히 조심해야 한다. 당신이 만일 그런 환자의 가족이라면 환자의 음주를 막아야 한다. 나아가 환자와 공동 의존에 빠지지 않도록 조심해야 한다. 공동 의존의 위험성에 대해서는 뒤의 9장에서 자세히 알아보도록 하겠다.

불안과 그로 인한 회피 행동 탓에 의존성 성격 장애 환자들은 자주 병원을 찾는다. 이들의 고통을 줄이기 위해 즉각 벤조디아제핀을 처방해주는 의사들도 있다. 이 약품은 단시간에 불안을 잠재우지만, 그 빠른 효과 때문에 **중독 잠재성**이 매우 높다. 그래서 가끔만 복용해도 자기도 모르는 사이

약에 중독될 수 있다. 중독 치료는 위험한 금단증상을 동반할 수 있으므로, 의료진이 감독하는 병원에서 받아야 한다.

요점 정리

○ 의존성 성격 장애 환자 중에는 보호자 없이 혼자 있는 걸 못 견
디는 사람이 많다. 이들은 근본적으로 불안이 심하다.

○ 이런 성향은 보통 어릴 때부터 생기고, 부모가 불안이 심하여
자녀를 과보호하는 양육 방식을 취한 탓인 경우가 많다. 그 결
과 아이는 부모에게 매달리는 겁 많은 아이로 자란다.

○ 이런 아이들은 취학연령이 되어서도 자립성이 없고 불안이 심
하며, 성인이 되어서도 부모에게서 독립하지 못한다.

○ 성인이 되어 관계를 맺을 때 과거 부모와의 관계 패턴을 그대
로 따르는 경우가 많다.

○ 부모가 돌아가시는 등의 상실과 이별은 이들에게 큰 트라우마
를 남기며, 몸과 마음을 망가뜨릴 수 있다.

○ 불안과 우울을 해소하기 위해 술이나 진정제를 복용하다가 중
독에 빠질 수 있다.

○ 고통이 심할 경우 환자는 전문가의 도움을 구해야 한다.

당신이 할 수 있는 일

의존성 성격 장애 환자라면

☺ 겁이 나고 불안해도 일상의 요구와 책임을 회피하지 말고 맞서
보자. 도피해봤자 불안만 더 심해진다.

☺ 최대한 자발성을 찾으려 노력하자. 처음부터 욕심을 부리지는
말고, 작은 걸음부터 시작하자. 하지만 그렇다고 해서 겁부터
집어먹고 아예 한 걸음도 내딛지 않아서는 안 될 것이다.

☺ 나태하다는 죄책감으로 자신을 괴롭히지 말자. 당신은 원래 이
런 기질을 타고났고 지금 당장 달라질 수는 없다는 사실을 받아
들이자. 물론 앞으로도 계속 그래도 된다는 뜻은 절대 아니다.

☺ 관계 의존성이 해가 된다고 느낀다면 한시바삐 전문가를 찾아
치료를 받자.

가족이나 친구라면

☺ 당신이 환자의 부모라면 아이와 함께 차근차근 독립의 길을 연
습해보자. 과보호도 나쁘지만, 방임도 옳은 길이 아니다.

☺ 환자가 성인이더라도, 아이를 가르칠 때와 비슷한 방식으로 요
구의 수위를 차근차근 높여간다면 혼자서 견딜 수 있는 힘을

기르도록 도움을 줄 수가 있다.

☺ 환자에게 '나태하다'라는 등의 비난은 절대 금물이다. 옳지 않은 말일뿐더러 오히려 역효과만 낼 것이다.

☺ 독립을 향해 가는 환자의 한 걸음 한 걸음을 지지하고, 불안하더라도 혼자서 해내는 연습을 해보라고 용기를 주자.

☺ 환자의 고통이 너무 심해 보일 때는 정신과 치료를 받아보라고 권유하자.

4장

전 재산을 주고도
그와 헤어질 수 없다는 사람

옆에서 보기에 절로 고개가 저어질 정도로 상대에게 극단적으로 의존하는 환자가 있다. 이런 경우 더러는 환자 자신도 도가 지나치다는 것을 안다. 그래서 자책하고 '이제 그만할래. 이번에는 진짜로 헤어질 거야'라고 맹세도 한다. 하지만 상대가 조금만 애정을 보여도, 혹은 잠깐 스쳐지나가는 상대의 얼굴을 보기만 해도 결심은 속수무책으로 와르르 무너지고 만다. '예속'이라는 단어가 절로 떠오를 정도다.

마르틴 슈스터는 누가 봐도 출세 가도를 달리는 사람이었다. 대형 은행에 입사하여 모두가 부러워할 은행장의 자리에까지 올랐으니 말이다. 그는 현재 50대 중반이며 역시나 성공 가도를 달리는 유명 법무법인의 변호사 여성과 결혼해서 두 자녀를 두었다. 아이들도 잘 자라서 딸은 의대를 졸업했고 아들은 경영학과 졸업을 앞두고 있다. 그래서 친구들 사이에서 슈스터 부부는 '이상적인 부부'로 소문이 자자하다.

그런데 이들은 10년 전쯤부터 부부 관계 횟수가 줄었고 5년 전부터는 아예 성관계를 하지 않았다. 아내 쪽에서 몇 차례 이야기를 꺼냈지만, 그때마다 남편은 대놓고 불쾌한 기색을 띠었다. 안 그래도 일이 힘들어서 피곤해 죽겠는데 무슨 그런 소리를 하냐며 말이다. 마르틴은 원래 결혼한 부부끼리는 성적 매력이 떨어지기 마련이므로 성관계를 안 하는 게 정상이라고도 둘러댔다.

아내의 걱정은 성생활만이 아니었다. 얼마 전부터 남편이 딴사람처럼 변했다. 마르틴은 원래 엄청 사교적이어서 친구들을 자주 집으로 불러 함께 놀았고, 아내와도 몇 시간씩 사회정치 문제를 토론하던 사람이었다. 그런데 요즘은 말수가 줄었고 걸핏하면 짜증을 부리는 데다 정신이 딴 데 팔린 사람처럼 멍하니 있을 때가 많았다. 걱정되어서 괜찮은지 물어봐도 남편은 별일 아니라고 부인했고 피로와 스트레스가 심하다며 일 핑계를 댔다. 하지만 아내는 남편이 뭔가 숨기는 것 같다는 생각을 지울 수 없었고 남편이 바람이 난 게 아닌지 의심이 들었다.

어느 날 말싸움을 하다가 아내가 자기도 모르게 바람이 났냐고 묻자 마르틴은 버럭 화를 내며 평소답지 않게 심한 말을 퍼부었다. 그런 말도 안 되는 '상상'을 하다니 '뻔뻔하기 짝이 없다'라고 아내를 모욕한 것이다. 그것으로도 분이 안 풀리는지 남편이 벌떡 일어나 주먹을 쥐고 아내를 때리려고 했고 아내는 깜짝 놀라 뒷걸음질을 쳤다. 다행히 마르틴은 아차 싶었던지 주먹을 내렸고 씩씩거리며 방을 나가버렸다.

나중에 남편은 아내에게 사과하면서 절대 바람이 아니라고 주장했다. 그 사건이 있고 난 뒤 남편의 행동이 조금 부드러워졌고 가끔은 예전과 같이 유쾌한 모습을 되찾기도 했으므로 아내는 의심을 풀었고, 남편 말대로 직장 일이 너무 힘들어서 그런가보다 하며 안도했다.

하지만 남편의 퇴근 시간은 빨라지지 않았고 오히려 예전보다 더 자주 귀가가 늦어졌기에 불안한 마음이 완전히 가시지는 않았다. 남편은 늦을 때마다 아내에게 전화해서 일이 아직 덜 끝났다. 회식이 있다 등등 이유를 둘러댔다. 그럴 때는 남편이 바람을 피우는 것이 아닌가 하는 의심이 불쑥 되돌아왔다. 게다가 남편은 출장을 갈 때마다 며칠씩 휴가를 내서 출장 기간을 연장했고, 예전과 달리 아내에게 출장에 따라오라는 말도 하지 않았다.

그러던 차에 남편의 뉴욕 출장 일정이 잡히자 아내는 "나도 따라갈까?"라고 슬쩍 물었다. 남편은 소스라치게 놀라며 구구절절 안 되는 이유를 늘어놓았다. 시차 때문에 힘들 것이다, 둘이서 가려면 비용이 만만치 않을 것이다 같은 이유를 대다가 마지막에는 뉴욕에 따라와도 자기는 일하느라 바쁠 테니 온종일 혼자 있어야 할 것이라는 이유까지 들이댔다. 어린아이라도 알아들을 말이었다. 남편은 그녀가 따라오는 걸 반기지 않았다. 아무래도 수상했지만, 또 싸우고 싶지 않아서 아내는 화를 삭이고 따라가지 않을 테니 염려 말라고 말했다.

아이들이 장성해서 독립할 때가 다가오자 아내는 이참에 그동안 미뤄왔던 집 리모델링을 실행에 옮기는 게 어떨까 고민했다. 남편과 의논하려면 구체적인 계획이 필요할 것 같아서 일단 은행에 전화를 걸어 대출을 조금 더 늘릴 수 있는지 물었다.

그가 기억하기로 기존 대출액은 8만 스위스 프랑(약 1억 2천만 원)이었다. 그런데 예상과 달리, 그동안 슈스터 가의 재산 관리를 담당했던 은행 직원은 대출을 해주겠다는 대답 대신 기존 대출금만 해도 상당하지 않으냐고 되물었다. 아내가 그렇지 않다고 대답하자, 은행 직원은 남편분이 지난 2년간 조금씩 대출을 늘린 탓에 현재 대출금이 35만 스위스 프랑(약 5억 1천만 원)이라고 털어놓았다.

대체 남편은 그 거금을 어디에다 쓴 것일까? 남편한테 급한 일이 생겨 돈이 필요하다는 말을 들은 적은 없었다. 온갖 생각이 스쳐 지나갔다. 도박에 빠져 돈을 다 날렸나? 누군가에게 협박을 받았을까? 숨겨놓은 애인이 있어서 그 사람을 먹여 살리느라 돈을 썼을까? 생각이 거기에 미치자 벼락을 맞은 듯 정신이 번쩍 들었다. 아내는 분노와 불안에 치를 떨며 남편의 퇴근을 기다렸다.

남편은 처음엔 주식에 돈을 넣었는데 깜빡 잊고 말을 안 했다고 변명했다. 하지만 아내가 주식 투자 관련 서류를 보여 달라고 하자 결국 남편은 돈을 '개인적으로' 사용했노라고 자백했다. 하지만 오히려 남편의 그런 모호한 표현이 인내심의 끈을 끊고 말았다. 아내는 남편을 향해 속사포처럼 쏘아붙였다. "이제 그만하고 자백해. 애인이 있어서 그 여자하고 돈 다 썼다고. 저번에도 내가 물었지? 당신은 절대 아니라고 잡아뗐고." 아내의 비난을 듣고 난 마르틴은 마침내 아내의 말이 옳다고, '누군가'가 있다고 털어놓았다. 하지만 이번에도 그 모호한 표현이 더욱더 분노의 불길을 지폈다. "그게 무슨 소리야? 누군가가 있다니? 그게 누구야?" 남편은 대답하지 않았다. 계속되는 아내의 추궁에도 마르틴은 끝내 대답하지 않았다. 그는 입을 꾹 다물고 소파에 앉아 있다가 몇 분 후 방을 나갔다. 잠시 후 아내는 현관문이 닫히는 소리와 차 시동 거는 소리를 들었다. 남편이 그대로 집을 나가 버린 것이다.

아내는 어이가 없었다. 남편의 저런 모습은 처음이었다. 최고 경영자 자리에 오른 성공한 직장인, 평생 수많은 문제를 거침없이 해결해온 자신만만한 남자, 부하직원들과 지인들이 어려울 때마다 조언을 구하던 현명한 상사이자 친구의 모습은 눈을 씻고 찾아봐도 없었다. 아내가 조금 전에 목격한 남편은 참으로 한심한 남자였다. 어른답게 대화할 줄도 모르는 남자, 야단맞은 아이처럼 주눅이 들어 내빼기 바쁜 한심한 남자였다.

며칠 동안 남편은 소식이 없었다. 남편 회사에 전화했더니 며칠 휴가를 냈다는 대답이 돌아왔다. 그 말을 들으니 불안감이 커졌다. 그날의 행동으로 미루어볼 때 남편은 자살이라도 할 수 있을 것 같았다. 그 정도로 절망적이라면 무슨 일이든 할 수 있을 것이다. 그래서 일주일 후 우편함에서 남편의 편지를 발견했을 때는 절로 한숨이 나오며 안도감이 밀려들었다.

남편이 살아 있다는 사실은 다행이었지만 편지의 내용은 아내를 더 깊은 절망의 구렁으로 몰아넣었다. 남편은 편지에서 2년 전 출장을 갔다가 남미에서 온 어떤 남자를 만났고 그에게 '홀딱' 빠졌노라고 고백했다. 그 남자가 몇 살인지는 적어 놓지 않았지만, 내용으로 미루어 보건대 20대 중반인 듯했다. 그러니까 남편보다 무려 서른 살이나 젊다는 소리였다. 남편은 그를 스위스로 불러왔고 물심양면으로 정착을 도왔다. 그리고 지금은 그와 같이 살 집을 구하는 중이라고 했다. 또 아내가 원한다면 언제든지 이혼을 해줄 준비가 되어 있지만, 그동안 '여러 가지 의무를 다하느라' 경제적으로 '상당한 빚'을 졌기 때문에 아내와 아이들에게 돈을 줄 수는 없다고 못을 박았다.

아내는 도무지 이 상황이 이해가 되지 않았다. 남편이 오랫동안 바람을 피운 것도 기가 막히는데 그 대상이 남자라니! 게다가 남편은 그 남자 때문에 엄청난 빚을 졌다. 남편이 대출을 늘렸던 이유가 밝혀졌다. 남편은 그 남자에게 어마어마한 돈을 주었고 아마 지금도 계속 주고 있을 것이다.

남편을 만나 얼굴을 보고 의논을 하고 싶었지만, 남편은 아내의 제안에도 계속 만남을 피했다. 하지만 아내는 설득을 멈추지 않았고, 결국 남편은 함께 조정관을 만나보자는 아내의 이메일에 마음을 움직였다. 아내가 아는 변호사에게 의뢰하여 남편과 만남의 자리를 마련했다. 남편의 모습을 본 아내는 큰 충격에 빠지고 말았다. 남편은 그 며칠 사이에 몇 년은 더 늙어 보였고 표정에 근심과 절망이 한가득하였다.

마르틴이 울면서 조정관에게 털어놓은 상황은 아내가 상상한 것보다 훨씬 심각했다. 남편은 이미 오래전부터 동성애자 호스트바에 출입하며 많은 돈을 썼다. 바에만 들락거린 것이 아니라 출장길에 그곳 남자들을 데리고 다녔기 때문이었다. 마르틴은 엄청나게 부끄러워하면서 그러느라 엄청난 돈을 썼다고 고백했다. 남자 친구와 관련해서는 그가 몇 주 전에 '집에 일이 생겨서' 고향으로 돌아갔다고 말했다. 남자 친구는 떠나

먼저 '금방' 스위스로 돌아올 것이고, 그때는 꼭 그와 같이 살 것이라고 약속했다. 그런데 그가 그곳에서 매주 이메일을 보내 계속해서 돈을 요구했다. 처음에는 스위스로 돌아올 비행기 표를 끊겠다며 돈을 요구했다가 '빚을 바로 갚지' 않으면 출국을 할 수 없으니 돈이 필요하다고 주장했다. 그다음에는 어머니가 심장 수술을 받아야 하는 데 돈이 없다고 했고, 마지막으로는 자기가 마약을 하다가 경찰에 체포되었는데 '뇌물'을 줘야 풀려난다고 했다. 경찰은 물론이고 판사한테도 '넉넉한' 뇌물을 줘야 하니 돈을 많이 보내라고 말이다.

"당신 설마 그 말을 다 믿는 건 아니지? 제발 정신 좀 차려." 더는 참고 들어주기가 힘들어 아내가 버럭 소리를 질렀다. "그거 다 사기야. 당신 설마 그 돈 보낼 거 아니지?" 하지만 돌아온 대답은 기가 막혔다. 마르틴은 자기도 거짓말이라는 것을 알고 있다고 대답했다. "그래도 돈을 부칠 겁니다. 그를 너무도 사랑하기에 그가 없이는 도저히 살 수가 없습니다. 돈이 얼마가 들건 반드시 그를 돌아오게 할 겁니다."

그의 상황이 얼마나 절망적인지는 마르틴이 현재의 재정 상황을 공개하자 낱낱이 드러났다. 계좌마다 마이너스였고 빚이

어마어마했다. 그러니까 마르틴은 그동안 남자 친구가 요구한 금액을 고분고분 송금했을 뿐 아니라 그 전부터도 호스트들과 남자 친구에게 엄청난 돈을 써댔던 것이다. 그래서 고액의 연봉에도 파산 직전이었다. 게다가 직장에서의 입지도 위태로웠다. 마르틴은 지난 몇 달 동안 일을 소홀히 한 탓에 벌써 두 번이나 이사회에서 경고를 받았다고 했다.

그의 개인 사정을 대략 눈치챈 대표이사도 충고했고 아내도 절절히 부탁했지만, 마르틴은 정신과 치료를 받고 아직 수습할 수 있는 것은 어떻게든 추슬러보자는 그들의 조언을 단박에 거절했다. 자신은 치료가 필요한 사람이 아니라면서 말이다. "난 환자가 아니야. 사랑에 빠진 거라고. 그리고 이 사랑을 위해서라면 뭐든 다 할 거야."

아마 많은 독자가 말도 안 되는 사연이라고 생각할 것이다. 마르틴 정도의 사회적 지위에 있는 지성인이 어떻게 그런 터무니없는 관계에 '그 정도로 깊게 빠질' 수가 있으며 그토록 '타락할' 수가 있단 말인가. 하지만 안타깝게도 우리는 그런 식의 의존관계에 빠지는, 상황에 따라서는 완전히 망가지기도 하는 사람들을 목격하게 된다. 하지만 보통은 아주 가까운 가족과 친구들을 빼면 그런 상황을 잘 알지 못한다. 의존관계에 빠진 사람이 엄청난 수치심 탓에 어떻게든 사실을 숨기려고 애쓰기 때문이다.

사랑에 빠져 인생을 망친 의존관계의 대표적인 사례는 영화나 책 속에서도 찾아볼 수 있다. 넓은 의미에서 보면 요한 볼프강 폰 괴테Johann Wolfgang von Goethe의 《젊은 베르테르의 슬픔》 역시 불행으로 막을 내린 이런 식의 의존관계의 범주에 넣을 수 있을 것이다. 윌리엄 서머싯 몸William Somerset Maugham의 자전적 소설 《인간의 굴레에서》 역시 이와 비슷하게 불행으로 끝을 맺은 의존관계를 담아내고 있다.

이는 두 사람의 경계가 모호해지고 심할 경우 두 사람의 구분이 완전히 사라지는, **공생 관계**다. 관계를 맺은 두 사람은 자신을 독자적 인간으로 생각하지 못하고 상대와 내가 일체가 되어 '우리'로 녹아든다고 느낀다. 이런 엄청난 정도의 친밀도가 상황에 따라서는 일시적인 행복을 주기도 하기에 두 사람은 하나가 된 그 상황을 즐기고 음미한다.

누구나 서로에게 다가가 하나가 된 듯한 친밀함을 느끼

는 순간에는 행복을 느낄 수 있다. 그러나 의존성 성격 장애 환자의 문제점은 그 상태가 짧은 순간의 황홀로 그치지 않는다는 것이다. 보통은 시간이 조금 지나면 흡족한 마음을 느끼며 그 상태에서 빠져나올 수 있지만, 의존성이 강한 사람은 그럴 수가 없다. 물론 의도적인 것은 아니다. 마르틴의 사례에서 알 수 있듯 환자는 자신도 모르는 사이 그런 공생 관계로 빠져든다. 정신을 차려보면 어느 사이 그런 관계의 함정에 빨려들어가 있고, 보통은 외부의 도움 없이는 절대로 그 함정에서 빠져나올 수 없다.

마르틴의 사연을 매우 상세하게 소개한 이유는, 사회적 지위가 높은 지성인이어서 절대 '그런 함정에 빠질' 일이 없을 것 같은 사람도 이런 의존관계에 빠져들 수 있다는 사실을 보여주고 싶었기 때문이다. 지성과 사회적 지위는 아무런 힘을 발휘하지 못한다. 의존성이 강한 기질을 타고났는데 오랜 세월 욕망을 억압하며 살았다면, 적절한 조건이 형성되는 순간 곧바로 이성의 끈이 끊어질 수 있다. 사랑과 인정을 향한 그 어마어마한 욕망이 오랜 시간 차곡차곡 쌓였다가 그런 순간 물꼬가 터지듯 와르르 쏟아져 나와 그 사람의 삶을 완전히 휩쓸어버리는 것이다.

마르틴의 경우 두 가지 계기가 있었다. 첫째, 그는 동성 애적 지향을 오랫동안 억눌렀기에 성적 지향을 발현하고 싶은 욕망이 자꾸만 거세어졌다. 둘째, 그 결과 아내에게서 자꾸만 거리감을 느끼고 멀어졌다. 아마 인생의 시기와도 무관하지 않을 것이다. 50대 중반, 남들이 보기엔 엄청나게 성공한 중년 남성이지만 본인은 아무리 돈을 많이 벌어도 삶에 의미가 없고 만족스럽지 않다는 기분이 들었을 것이다. 그래서 뭔가 변화를 꾀하지 않으면 안 될 것 같은 느낌이 들었을지도 모른다.

이런 위기가 마르틴을 뒤흔들자 지금껏 잠재되어 있던 그의 관계 의존성이 발현되었고, 그 역시 많은 의존성 성격 장애 환자가 그러하듯 공허한 마음을 채워줄 것 같은 사람을 찾아다녔다. 이성애자 남성이었다면 여성에게서 맹목적인 사랑과 공생 관계를 찾았을 것이다. 마르틴의 경우 지금껏 동성애적 지향을 억눌러왔기에 자신 같은 성적 지향을 지닌 남성을 찾아다녔다. 이 남성들의 나이도 분명 중요한 역할을 했을 것이다. 자신보다 훨씬 어린 남성들의 젊음이 그에게 감동을 주었고 그 젊은 남성들과 관계를 맺으면서 자신도 다시 젊어져서 멋진 인생을 살 수 있을 것이라는 환상에 젖었을 것이다.

젊은 호스트들하고'만' 관계를 가질 때에는 그래도 아직 상황을 통제할 수는 있었다. 물론 그 시기에도 엄청난 돈을 그들에게 퍼부었겠지만 그나마 자기 행동을 조절할 수는 있었다. 아마 호스트들 쪽에서 먼저 일정 정도의 선을 지켰을 것이다. 마르틴과의 관계가 거래라는 사실을 추호도 의심하지 않았기 때문이다. 마르틴 역시 항상 돈을 지불했기 때문에 그 사실을 통해 충분히 상황을 파악할 수 있었다. 물론 그 시기에도 그는 심각하게 호스트들에게 의존했지만, 자신을 돈을 지불하고 상황을 주도하는 강자라고(겉보기에만 그랬지만) 생각했을 것이다.

그런데 남미 출신의 그 젊은 남자와 관계를 맺기 시작하면서부터는 상황이 완전히 달라졌다. 이 관계는 처음부터 거래가 아니었다. 적어도 마르틴에게 두 사람은 뜨겁게 마음을 나누는 애정 관계였다. 젊은 남자는 이런 마르틴의 착각을 부추겼을 것이고, 결국 마르틴은 마지막 남은 방어기제마저

내던지고 말았다. 아마도 마르틴의 남자 친구는 순전히 계산적으로 그에게 접근했을 테지만, 마르틴은 관계 의존성 때문에 그 사실을 알아채지 못한 채 공생 관계로 빠져들고 말았다. 그 결과 애써 지켜온 마지막 담이 허물어지고 말았다. 이제 그는 돈을 내는 고객이라는 강자가 아니라 남자 친구의 애정을 애걸복걸 구걸하는 나약한 남자였다. 그렇게 그는 차츰 통제력을 잃었고, 속임수라는 것을 알면서도 계속해서 어마어마한 돈을 남자 친구에게 보낼 각오가 된 완벽한 의존의 지점에 이르고야 말았다.

이혼 조정 자리에서 그가 던진 말은 덫에 걸린 짐승처럼 도저히 헤어날 길이 없는 그의 **예속** 상태를 적나라하게 보여준다. 그는 이렇게 말했다. "그를 너무도 사랑하기에 그가 없이는 도저히 살 수가 없습니다. 돈이 얼마가 들건 반드시 그를 돌아오게 할 겁니다." 이 말에서 의존성 성격 장애 환자의 또 한 가지 특징을 찾아볼 수 있다. 주변 사람들은 도무지 이해할 수 없는 **무기력과 권력 과시의 혼합**이 바로 그것이다. 이들은 완벽한 무기력 상태에 빠져 있기에, 마르틴처럼 상대에게 완전히 조종당한다. 하지만 또 한편으로 사랑하는 사람을 반드시 자신이 원하는 대로 행동하게 만들고야 말겠다는 강압적인 요구도 나타낸다. 그러나 이런 식의 권력 과시는 강인함의 증거가 아니라 바닥으로 떨어진 자존감과 자신감을 조금이나마 수습해보려는 절망적인 노력으로 이해해야 한다.

자존감을 잃고 엄청난 수치심에 시달리는 것은 이런 예속 관계가 낳은 치명적인 결과다. 관계에 빠져 허우적거리는 사람도 마음 저 깊은 곳에서는 이것이 잘못되었다는 것을, 누구나 반대할 수밖에 없는 그릇된 관계라는 것을 잘 안다. 하지만 욕망의 대상인 그 사람에게서 절대로 벗어날 수가 없기에 어떻게든 사실을 숨기려고 노력한다. 마르틴의 사연에서 보았듯 이들은 아무도 눈치채지 못할 정도로 정말 철저하게 비밀을 지킨다. 그 **스트레스**가 얼마나 클 것이며, 마음의 부담은 또 얼마나 크겠는가.

마르틴의 사연을 읽으면서 당신은 아마도 어떻게 그가 긴 세월 동안 무탈하게 살 수 있었는지 의아했을 것이다. 마르틴은 직장에서 승승장구했고 남들이 보기에는 '화목한' 가정을 꾸렸다. 앞서 소개한 몇몇 사례와 비교할 때 마르틴의 경우엔 분기점이 확실하다. 마흔에서 마흔다섯 사이에 찾아온 중년의 위기가 그의 인생을 완전히 바꾸어 놓았다. 그러나 의존적 관계의 성향은 분명 젊은 시절부터 있었을 것이다. 그런데 어떻게 그는 그 오랜 세월 동안 그런 성향을 '조절'하고, 아무도 모르게 감쪽같이 숨길 수 있었을까?

아마도 그가 젊은 시절부터 있었을 자존감 결핍을 성공을 통해 보상받을 수 있었기 때문일 것이다. 표면적 성공이 기존의 자존감 결핍을 완전히 채우지는 못하지만, 그래도 성공을 통해 자신이 마음 깊은 곳에서 느끼듯 그렇게 '무가치'한 사람은 아니라고 끊임없이 되뇔 수 있었을 것이다. 성공한 아내와의 안정된 관계와 가정을 '잘 꾸린' 경험 역시 그의 자존감 안정에 이바지했을 것이다. 하지만 중년에 찾아온 위기가 이런 위태로운 균형을 뒤흔들었고, 남자 친구에게 빠져들면서 균형이 완전히 깨져 그의 극단적인 관계 의존성이 만천하에 드러나게 되었다.

이런 극단적인 의존성은 자기 행동에 대한 통제력을 무너뜨릴 뿐 아니라, 그 과정이 당사자의 자존감을 갉아먹는다는 점에서 치명적이다. 마르틴의 경우에는 상황이 더는 자기 뜻대로 흘러가지 않고 자신이 남자 친구에게 얼마나 매달리고 있는지를 깨달으면서 자존감이 무너졌다. 여기에 **수치심**과, 아내와 자녀들과 상사에게 느끼는 **죄책감**이 더해진다. 그것도 모자라 그는 지금껏 그의 자존감을 지탱해주던 중요한 원천, 즉 사회적 지위를 자신의 행동으로 허물어뜨렸다. 예속 관계가 얼마나 **자기 파괴적**인지를 이보다 더 여실히 보여주는 사례는 없을 것이다.

마르틴과 비슷한 상황에 부닥친 사람이 있다면 반드시 앞서 설명한 위험을 직시하고 도움을 구해야 할 것이다. 적어도 가까운 사람들의 말은 믿어야 한다. 그들이 사랑하는 사람과 거리를 두라고, 혹은 치료를 받아야 한다고 충고한다면 그 충고를 따라야 한다. 그리고 힘들겠지만, 자신을 **중독**에 빠진 사람이라고 인정해야 한다. 중독에 빠진 사람은 의지만으로는 절대 중독에서 헤어날 수 없다. 그런 사람이 할 수 있는 것은 전문가를 찾아 도움을 구하고 치료를 받는 것이다.

당신이 예속 관계에 빠진 사람의 가족이나 친구라면 무슨 수를 쓰건 최대한 빨리 그를 설득하여 전문가의 도움을 받게 해야 한다. 상황을 개선하려는 의지가 아무리 굳세더라도, 의지만으로는 절대 그 관계에서 헤어날 수 없기 때문이다. 두 사람의 경계가 완전히 사라진 공생 관계는 그 소용돌이가 너무도 강렬해서 혼자 힘으로는 절대 빠져나올 수 없다. 예속 관계의 상대가 환자를 의도적으로 이용하기 위해 수단과 방법을 총동원하여 곁에 묶어두려 애쓴다면 문제는 더 힘들어진다. 이런 경우 환자는 무한한 사랑과 인정을 받고 싶은 자신의 욕망은 물론이고, 그 욕망을 이용해 먹으려는 나쁜 사람들의 욕심과도 맞서 싸워야 한다. 그런 이중의 싸움을 무사히 치를 수 있으려면 반드시 외부의 도움이 필요하다.

마르틴처럼 예속 관계에 빠진 당사자는 아마도 이렇게 말할 것이다. "난 환자가 아니야. 사랑에 빠진 거라고. 그리고 이 사랑을 위해서라면 뭐든 다 할 거야." 하지만 뼈아프더라도 이럴 땐 가족이나 친구의 조언에 귀 기울이고, 영원한 사랑을 맹세하면서도 계속해서 돈을 요구하는 그 사람과 거리를 두려 노력해야 한다. 집착의 대상인 그 사람이 선물이나 경제적 지원이 없어도 곁에 남아 있는지 한번 점검해보라고 환자에게 제안하자. 그러니까 그 '영원한 사랑'이 과연 진짜인지를 확인해보자는 것이다. 만약 환자가 이렇게 하기로 결심할 수 있다면 그것만으로도 이미 바람직한 해결로 나아가는 결정적인 발걸음을 내디딘 것이다.

또한, 환자가 맹렬히 치료를 거부한다 해도 흔들리지 말아야 한다. 환자가 이러는 건 그가 의지력이 부족해서가 아니라 그만큼 그 관계에 예속되어 있기 때문이다. 따라서 전문가를 찾아가보라는 당신의 권유를 환자가 맹렬히 거부한다 해도 화내지 말고 계속해서 그와 대화를 나누며 설득을 이어가야 한다.

하지만 아무리 말을 해도 벽에다 대고 이야기하는 것 같은 기분이 들 때가 있을 것이다. 속이 터질 듯 **답답하고 무력감이 밀려올** 것이다. 만일 그렇다면 과연 당신이 그를 효과적으로 도울 수 있는 사람일지 다시 한번 곰곰이 따져보아야 한다. 쉽지는 않겠지만 환자를 위해 **물러나야** 하는 순간일 수도 있기 때문이다. 당신은 자신을 지킬 필요가 있다. 당신마저 질병의 소용돌이에 휩쓸려서는 안 된다. 슈스터 부부의 경우 아내가 부부 재산 분리 관리나 이혼을 선택할 수 있을 것이다. 이런 방식으로 자신과 자녀의 경제적 파탄을 막아내지 않는다면 남편의 엄청난 빚 때문에 온 가족이 큰 경제적 어려움을 겪게 될 것이다.

실제로 주 보호자가 확실히 선을 그은 후에야 전문가의 도움을 구하는 환자들이 적지 않다. 자신의 행동이 경제적인 문제뿐 아니라 중요한 사람들과의 관계마저 파탄낼 수 있다는 사실을 몸소 경험하는 것이 오히려 환자에게는 **유익한 위기**가 될 수 있는 것이다. 하지만 상황에 따라서는 당신이 아무리 냉철하게 등을 돌려도 환자는 전혀 바뀌지 않을 것이다. 그러니 그럴 위험을 인식하고, 환자가 바뀌지 않더라도 결과를 받아들일 각오를 해야 한다.

요점 정리

○ 환자의 의존성은 예속 관계 수준으로 심해질 수 있다.

○ 이런 관계는 대부분 일방적이다. 한쪽만 뜨거운 사랑에 불타며 상대는 아무 감정이 없다.

○ 상대방이 의존적인 사람을 이용해 막대한 물질적 손실과 정서적 상처를 입힐 수 있다.

○ 이런 의존관계가 생기는 이유는 대부분 환자가 오랜 시간 욕망을 억압했기 때문이다. 억눌려 있던 욕망이 의존할 대상을 만나면서 격렬하게 터져 나온 것이다.

○ 이런 종류의 의존성은 중독의 성질을 띨 수 있다.

○ 보통 예속 관계에 휘말린 사람들은 자신의 의존성이 부끄러워 관계와 그 결과(상대에게 돈을 주는 등)를 숨긴다. 따라서 들키면 안 된다는 스트레스와 수치심 역시 엄청난 부담으로 작용한다.

○ 이런 부담감 때문에 마음이 무너졌을 때 누군가에게 마음을 털어놓거나 전문가의 도움을 구할 수 없는 경우, 환자는 심하면 자살까지 감행할 수도 있다.

당신이 할 수 있는 일

의존성 성격 장애 환자라면

☺ 심각한 의존관계에 빠져들고 싶지 않다면, '사랑'이 너무 넘쳐나서 다른 것은 눈에 들어오지도 않는다는 기분이 들 때는 곧바로 귀를 열고 주변 사람들의 말에 귀를 기울이고 자기반성을 해야 한다.

☺ 당신이 '신처럼' 떠받드는 그 사람을 조심하라는 주변의 경고에 귀를 기울이자. 적어도 주변 사람들의 비판을 무시하지 말고 곰곰이 따져보자.

☺ 이미 돈을 많이 주었다면, 돈 요구를 한번 거절해보고 상대가 그래도 당신을 떠나지 않는지 살펴보자.

☺ 기분이 나쁘고 수치심이 들 수도 있지만, 믿을 만한 사람에게 당신의 감정과 관계에 대해 털어놓자. 그 사람이 당신을 이해하지 못하는 것 같고, 어쩌면 듣기 싫은 말을 할지도 모르지만 설사 그렇다고 해도 외면하지 말고 그의 말을 한번 곰곰이 되새겨보자.

☺ 자신이 상대에게 예속된 것 같다면 한시바삐 심리치료를 받아보자. 최대한 빨리 당신의 감정을 정리하고 문제의 관계에 대해 전문가와 이야기를 나누어보자.

가족이나 친구라면

☺ 가족이나 친구가 어딘가 달라졌는데 그 변화가 불안해 보일 때
는(가령 자꾸 사람을 피하고 매사에 무관심해지고 우울, 불안, 긴장의
신호를 보이면) 당사자에게 걱정스러운 마음을 전하며 대화를
시도해보자.

☺ 환자가 의존관계를 털어놓더라도 그를 비난해서는 안 된다. 그
가 보기에 상대가 어떤 식으로 사랑을 표현하는지 구체적으로
물어보자. 운이 좋으면 그런 상황을 설명하다가 문득 자기 혼
자만 매달리고 있을 뿐, 상대는 아무 감정이 없다는 사실을 스
스로 깨달을 수도 있다.

☺ 환자가 상대에게 건넨 돈이 많다면 한번쯤 돈 요구를 거절해보
고 그래도 여전히 그 상대가 곁에 남아 있는지 살펴보라고 조
언하자.

☺ 환자가 당신의 이성적인 조언을 무시하더라도 화내거나 실망
해서는 안 된다. 무시한다 해도 지치지 말고 계속 걱정과 조언
을 아끼지 말자.

☺ 환자에게 전문가를 찾아가서 그의 관계에 대해 논의를 해보라
고 권하자.

5장

매사에 우유부단하고
자기 주장이 없는 사람

의존성 성격 장애 환자 중에는 문제를 일으키기는커녕, 어디서든 '싹싹하다', '친절하다'라는 칭찬을 받는 유형이 있다. 하지만 협의나 확실한 입장 표명이 필요한 순간이 되면 결국 이들의 문제점이 드러나게 된다.

　　　앙겔리카 바이스는 조용하고 '얌전한' 아이였다. 위로 언니 오빠가 셋이나 있지만 다들 앙겔리카보다 활기차고 고집이 셌다. 물론 앙겔리카도 자기주장을 안 해본 것은 아니었다. 하지만 고집을 피워봤자 씨알도 먹히지 않았기에 아이는 일찌감치 뜻을 꺾었다. 세 아이 양육에 지친 부모는 앙겔리카가 조용하고 '사랑스러운' 아이여서 참 다행이다 여겼다. 부모는 늘 그런 앙겔리카를 칭찬했다.

학교에서도 앙겔리카는 선생님들 사이에서 '얌전한' 학생으로 통했다. 숙제도 성실히 했고 지각을 한 적도 없었으며 친구들의 장난질에 낀 적도 없었다. 유일하게 체육 선생님이 앙겔리카의 행동을 '우유부단'하다고 느꼈고 부모 면담 시간에 앙겔리카의 부모에게 그 사실을 언급했다. 하지만 앙겔리카의 어머니는 선생님의 말에 깜짝 놀라며 고개를 가로저었다. "우리 앙겔리카가 우유부단하다니요. 절대 그렇지 않아요. 성격이 좀 내성적이고 또래 아이들에 비해 어른스럽죠. 그래서 친구들이 장난을 쳐도 안 끼는 겁니다." 어머니는 이런 말로 딸을 변호했다.

교실에서 앙겔리카는 특별히 눈에 띄는 아이가 아니었다. 부정적인 의미로도 긍정적인 의미로도 도드라지는 일이 없었다. 어떨 땐 친구들이 아예 앙겔리카의 존재 자체를 잊을 때도 있었다. 하지만 고등학교에 올라가자 앙겔리카는 친구들 사이에서 특이한 아이로 꼽혔다. 자기 의견을 절대로 말하는 법이 없어서였다. 가령 국어 시간에 사회문제를 주제로 토론을 하다가 앙겔리카가 발언할 차례가 되면, 앙겔리카는 화들짝 놀라며 어쩔 줄 모르겠다는 표정으로 할 말이 없다고 더듬거렸다. 앙겔리카가 제일 자주 하는 대답은 다음과 같았다. "그건 판단하기 곤란한 문제예요. 사람마다 생각이 다를 수 있으니까요. 저도 뭐라고 해야 할지 모르겠네요." 그런 식의 대답에 만족하지 못한 선생님이 명확한 입장을 요구해도 앙겔리카는 찬성 논리와 반대 논리를 두루 끌어다 대며 명확한 태도를 보이지 않았다. 이런 우유부단한 태도는 논술 시험에 특히 불리했다. 논술 시험에선 명확한 입장이 있어야 하는데 앙겔리카는 단 한 번도 답안지를 그렇게 작성한 적이 없었기 때문이다.

고등학교 졸업반이 되자 친구들도 앙겔리카의 이런 화법을 은근히 놀림감으로 삼았다. 수업 시간에 선생님이 앙겔리카에게 질문하면 친구들은 히죽거리며 자기들끼리 이렇게 속닥거렸다. "그 문제는 찬성도 반대도 가능합니다. 저는 뭐라고 판단하기 힘들어요." 당연히 앙겔리카도 친구들이 자기를 놀리고 있다는 것을 알았다. 하지만 알면서도 자기 입장을 명확하게 전달할 수 없었다.

그러던 어느 날 졸업 여행지를 두고 선생님과 학생들 사이에 이견이 생겼다. 친구들은 무조건 런던으로 여행을 가야 한다고 우겼다. 하지만 선생님은 '말도 안 되는 소리'라고 야단을 쳤고 현실적으로 볼 때 국내인 베를린 정도가 좋다고 주장했다. 결국, 학급 투표로 여행지를 결정하기로 했다. 투표를 며칠 앞둔 날부터 앙겔리카는 머리가 터질 것 같았고, 투표 전날 밤에는 너무 불안해서 잠을 한숨도 잘 수 없었다.

　다음 날 아침 선생님이 학생들에게 졸업 여행지를 결정할 투표를 시작하자고 하자 앙겔리카는 절망스러운 표정으로 친구들을 살폈다. 런던으로 가고 싶은 사람은 손을 들라고 선생님이 말하자 반 아이들 모두가 손을 번쩍 들었다. 앙겔리카는 온몸이 굳은 듯 꼼짝도 할 수 없었고 제발 아무도 자기가 투표에 참여하지 않은 사실을 눈치채지 못하길 간절히 기도했다. 하지만 사실을 눈치챈 선생님이 앙겔리카에게 런던 쪽인지 베를린 쪽인지 물었다. 앙겔리카는 얼굴이 새빨개져서 식은땀을 줄줄 흘렸다. 그리고는 간신히 들릴 듯 말 듯한 작은 소리로 이렇게 중얼거렸다. "저는 아무래도 좋아요."

　친구들이 잔뜩 화난 표정으로 앙겔리카를 째려보았다. 앙겔리카가 런던으로 가려던 자신들의 계획을 배신했다고 느꼈기 때문이다. 선생님마저 벌컥 화를 내며 "제발 좀 결정을 할 수 없겠니? 넌 애가 무슨 생각을 하는지 속을 모르겠더라"라고 소리를 지르자 앙겔리카는 크게 당황했다. 친구들과 선생님 양쪽에서 비난의 포화를 맞은 앙겔리카는 울음을 터뜨리고 말았다. "어디를 가건 난 아무래도 좋아요. 제발 날 좀 가만히 내버려 두라고요." 앙겔리카는 훌쩍이며 이렇게 소리 질렀다. 집에 와서 어머니에게 사건을 털어놓자 어머니는 어디로 가고 싶으냐고 물었다. 이번에도 앙겔리카는 자기는 어디로 가건 괜찮다고 대답했다. "난 그냥 아무하고도 다투고 싶지 않아."

졸업이 다가오자 진로가 걱정이었다. 앙겔리카는 무슨 직업을 택해야 할지 고민이 컸다. 부모님과 언니 오빠에게 물어봐도 다들 그건 스스로 결정할 일이라고 대답했고, 그럴 때마다 앙겔리카는 궁지에 몰린 쥐마냥 어쩔 줄 몰라 하며 아무도 자기를 도와주지 않는다고 슬피 울었다. 정말로 무슨 직업을 택해야 할지 몰랐기 때문이다. 결국, 부모님이 나서서 번역가 교육을 받아보면 어떻겠냐고 권했고 앙겔리카는 안도하며 부모님의 권유를 받아들였다. 교육 기간 동안은 아무런 문제가 없었다. 정해진 교육과정이 마련되어 있었고 학기마다 참여해야 할 행사도 미리 정해져 있었기 때문에 앙겔리카는 마음이 편했다.

직장에 취직하고서도 앙겔리카는 큰 문제를 겪지 않았다. 직장에서는 다들 그를 믿을 만하고 의욕 넘치는 직원으로 생각했다. 동료가 일을 대신 해달라고 부탁하면 앙겔리카는 흔쾌히 승낙했다. 그는 남을 돕는 것이 당연하다 생각했고 자신이 잘 모르는 어려운 일도 언제든 맡아줄 각오가 되어 있었다.

그러던 어느 날 한 남성 동료가 의학 논문 번역을 부탁했다. 독일어를 스페인어로 옮겨야 하는데 다음 주 월요일이 마감이어서 급하다고 했다. 자기는 주말에 여자 친구랑 여행을 가기로 해서 도저히 마감을 지킬 수 없게 되었으므로 앙겔리카가 대신 맡아주면 정말로 고맙겠다고 말이다. 사실 앙겔리카는 그 주말에 부모님을 뵈러 갈 생각이었다. 하지만 동료에게 번역을 대신 해주기로 약속하고 부모에게 전화해 일이 생겨서 갈 수 없다고 전했다.

하지만 번역은 만만치가 않았다. 그는 스페인어를 부전공으로 배웠을 뿐이었기에, 번역을 잘할 수 있을지 자신이 없었다. 더구나 동료가 책상에 던지고 간 의학 논문은 복잡하기 그지없는 신경학 논문이었다. 하지만 동료에게 대신해 주겠다고 약속을 해버렸기 때문에 이제 와서 못 하겠다는 말을 차마 할 수가 없었다.

그 주말은 그야말로 악몽이었다. 금요일 저녁부터 퇴근하자마자 일을 시작해서 자정까지 번역했다. 하지만 원서가 워낙 어려운 데다 그의 스페인어 실력이 달리다 보니 20쪽이나 되는 원서 중에서 겨우 1쪽을 끝마쳤을 뿐이었다. 토요일에는 아침 일찍부터 밤늦게까지 일에 매달렸지만 역시나 성과는 미미했다. 결국 월요일 새벽 네 시가 되어서야 번역은 끝이 났다. 그녀는 완전히 탈진했고, 이렇게 정성을 다하고 꼼꼼히 살폈는데도 오역이 많으면 어떻게 하나 겁도 났다.

앙겔리카는 이 일을 맡을 때 자기가 잘할 수 있는 일이 아니라는 것을 처음부터 알고 있었다. 그런데도 동료의 부탁을 차마 거절하지 못했다. 게다가 솔직히 동료가 괘씸하기도 했다. 이렇게 힘든 일을 다른 사람에게 떠맡겨 놓고 본인은 여자 친구랑 신나게 주말을 즐겼으니 말이다. 그런데도 앙겔리카는 그에게 한마디도 하지 못했다.

앙겔리카의 사례는 겁이 많아서 갈등이라면 무조건 피하려 들고 반항하지 못하며, 자기 의견을 개진하기는커녕 자기가 뭘 원하는지조차 모를 때가 많은 사람의 모습이다. 어릴 때부터도 앙겔리카는 가족을 대할 때 항상 이런 태도를 유지했다.

문제는 그런 우유부단한 태도를 주변에서 말리기는커녕 칭찬하고 부추겼다는 데 있다. 흔히 이런 유형의 아이들은 '얌전하다', '착하다', '말 잘 듣는다'라는 말을 자주 듣고, 주변의 칭찬과 인정을 많이 받는다. 당연히 아이는 과도하게 순응적이며 저항하지 못하는 행동을 반복하게 되고, 그런 방법으로 남몰래 염원하던 것을 얻는다. 바로 사랑과 인정이다. 하지만 사실 아이가 얻는 것은 조건 없는 사랑이 아니다. 칭찬과 인정은 '얌전하게 군' 대가다. 칭찬과 인정을 받고 싶었던 아이는 점점 더 의존성을 키우게 되고 결국 그것이 삶의 나침판이 되고 만다. 아이는 남들이 바라는 행동, 혹은 자기가 보기에 남들이 바라는 것 같은 행동만 하게 된다. 이 때문에 성인이 되면 남을 잘 돕고 친절하며 싹싹하다는 칭찬을 받는다.

하지만 자신만의 의견이 필요한 순간, 특히 그 의견을 주변 사람들에게 개진해야 할 순간이 오면 이런 유형의 사람들은 어찌할 바를 모른다. 앙겔리카도 학창 시절 졸업 여행지 투표를 하던 때 난감한 상황을 경험했다. 의존성 성격 장애 환자는 그런 상황에서 '어정쩡한' 태도를 보일 때가 많다. 앙겔리카가 투표할 때 그랬듯, 이들은 누구와도 다투지 않기 위해 명확한 태도를 보이지 않는다. 하지만 바로 그런 우유부단한 태도와 '아무래도 좋다'는 식의 핑계가 결국 모든 사람의 화를 부른다. 이들이 이런 태도를 보이는 이유는 자존감이 부족하기 때문이다. 따라서 이들은 자신을 죽이고 남들의 의견을 그대로 따르려는 성향을 띠게 된다.

물론 이들도 안 된다고 말하고 싶은 욕구와 용기 같은 것이 고개를 내밀 때도 있다. 앙겔리카의 경우 감당하지 못할 번역을 주말 내내 하면서, 이렇게 어렵고 품이 많이 드는 일을 남에게 떠넘겨놓고 희희낙락 주말을 즐겼을 그 동료가 얼마나 뻔뻔한 인간인지 깨닫는 순간 그런 욕구가 솟구쳤을 것이다. 더구나 원래는 부모님을 뵈러 가려 했는데 동료의 힘든 일거리를 떠안느라 당연한 듯 계획을 취소했다는 사실이 더 뼈아프게 느껴졌을 것이다.

작가 마르틴 발저Martin Walser는 소설《어떤 것 대신, 혹은 마지막 방도Statt etwas oder Der letzte Rank》에서 한 번쯤 반항하고 픈 욕망과 결국 다시 복종하고야 마는 이런 마음의 갈등을 이런 말로 표현했다. "⋯⋯그가 늘 말을 잘 듣는 것은 그저 겁이 많고 마음이 여리고 남들에게 잘 보이고 싶었기 때문 이다. (⋯) 그날 그는 용기를 내는 것도 괜찮지 않을까 생각 했다. 하지만 이내 다시 겁이 나서 포기하고 말았다. 그는 자 신이 낸 용기의 결말이 남들과 다르다는 것을 잘 알았다. 수 치로 끝날 것이다. 어쩌면 박살이 날지도 모른다. 그는 창피 를 당할 것이고 누군가 혹은 모두가 그를 공격할 것이다. 다 른 식의 결말은 상상이 되지 않았다."[6]

발저는 이 구절에서, 어떤 일이 있어도 자신을 완전히 포기하면서까지 상대에게 순응하고 복종하는 의존성 성격 장애 환자의 역학을 정확하게 포착하고 있다. 발저는 "겁이 많고 마음이 여리고 남들에게 잘 보이고 싶은 마음"을 극단 적인 순응의 이유로 들었고, 실제 심리학의 관점에서 보아도 이것이 의존적 행동의 원인이다. 다만 나는 "잘 보이고 싶"은 마음을 '인정을 바라는 절망적인 노력'이라는 표현으로 고쳐 쓰고 싶다. 의존성 성격 장애 환자가 수없이 많은 불쾌한 일들을 감수하고 '어정쩡한' 상황을 참고 견디는 것은, 그들이 사랑과 인정을 받기 위해 엄청나게 노력하기 때문이다.

물론 반항심과 용기가 불쑥불쑥 고개를 내밀기도 한다. 하지만 충동을 뒤따라 곧바로 불안과 두려움이 밀려들고, 발저의 표현대로 "겁이 나서 포기하고" 만다. 용기를 내봤자 남들과 달리 결국 실패하고 말 것이라는 불안이 커지면서 아예 확신으로 굳어진 것 또한 의존성 성격 장애 환자의 특징이다. 이들은 발저의 표현대로 용기를 내봤자 "창피를 당할 것"이고 "공격을 받을 것"이라고 확신한다. 어쩌면 그도 한 번쯤은 머뭇거리면서 토론에 끼어들어 자기 의견을 개진하려 애써봤을 것이다. 하지만 자기가 틀렸을 것 같다는 생각, 그로 인해 웃음거리가 될지 모른다는 생각에 잔뜩 목소리를 낮추고 우물거렸을 것이고 아무도 반응을 보이지 않자 금방 다시 입을 다물어버리고 만다.

당신이 그런 사람의 가족이나 친구라면 불안한 눈빛으로 머뭇거리는 그 사람의 행동을 이미 수없이 목격했을 것이다. 당신이 뭐라고 한마디 하면 감히 반박하지 못하고 조용히 귀 기울여 듣기만 하다가 당신이 시키는 대로 따랐을 것이다. 당신은 자신감이라고는 없는 그의 모습이 아마 답답했을 것이다. 뭐든 시키는 대로 따르는 그의 행동에 신경질이 났을 것이다. 도대체 머릿속에 무슨 생각이 들어 있는지 알 수가 없으니 짜증도 났을 것이다. 그래서 버럭 화를 내기도 했을 것이고, 앙겔리카의 선생님처럼 말 좀 똑바로 하라고 야단을 치기도 했을 것이다. 하지만 아무리 그래봤자 그 사람은 전혀 달라지지 않는다. 오히려 마음에 상처만 입고 부담감만 커졌을 것이다. 사실 그들은 당신의 뜻을 따르기 위해 사력을 다했는데 기대했던 칭찬은커녕 비난이 돌아오니 창피하고 괴로운 것이다.

의존적인 성격으로 인한 지나친 복종은 또 다른 문제를 낳는다. 이런 태도는 안 그래도 낮은 자존감을 더 갉아먹는다. 의존적인 사람들은 갈등이 두려워 자기 뜻을 숨기고 자립심을 억누른다. 그렇게 세월이 흐르면 이러한 반응 방식은 완전히 굳어진다. 하지만 마음 깊은 곳에 깔린 자신을 향한 경멸감은 쉽게 수그러들지 않는다. 발저가 말한 **수치심**, 그 바탕에 깔린 **자기 멸시** 때문이다.

이런 식의 관계 의존성으로 힘들어하는 가족이나 친구

를 도와주고 싶다면 그들이 아무리 굽신거려도 절대 비난하지 말아야 한다. 그들이 자기 의견을 말할 수 있도록 열심히 **용기를 북돋아** 주어야 한다. 독립적인 행동의 기미만 살짝 보여도 얼른 알아차리고 기쁘다는 반응을 보여야 한다. 그들이 수치심을 느낄 만한 행동은 절대 하지 말아야 한다.

가령 당신의 자녀가 그런 성향이라면, 아이의 인생에서 중대한 결정을 대신 해주지 않는 것이 바람직한 지원이다. 앞서 앙겔리카도 직업을 선택할 때 도무지 어찌할 바를 몰랐고 결국 번역가 교육을 받아보라는 부모님의 권유를 받아들여 그 과정을 마치고 번역가가 되었다. 언뜻 보기에는 부모님의 행동이 바람직한 도움인 것 같지만, 실제로는 오히려 딸의 불안을 키우고 그에게 스스로 결정을 내릴 수 없다는 확신만 주었을 뿐이다.

따라서 이런 경우에는 자녀와 함께 직업 선택 문제를 논의하는 것이 진정으로 유익한 행동이다. 도와달라는 아이의 부탁을 깡그리 무시한다면 아이는 부모가 궁지에 빠진 자신을 나 몰라라 한다고 생각할 것이다. 하지만 자녀와 **함께** 의논해서 **자신만의 뜻을 키워가도록 지원**하는 것은 진정한 도움이 될 수 있다. 구체적인 조언을 주는 것은 별 도움이 안 된다. 그보다는 다양한 가능성을 두고 자녀와 계속 토론을 하면서 함께 구체적인 대안들을 찾아보거나 실력 있는 상담센터를 알려주는 것이 좋다. 자녀가 불안과 두려움에 빠져 토론이나 상담도 거부할 때는 직접 상담센터까지 동행하는 것도 좋은 방법이다. 이런 식으로 자녀의 결정에 영향을 주지 않으면서 자녀의 독립적인 결정을 지원할 수 있다.

요점 정리

~~~

○ 자신보다 남을 먼저 생각하는 유순한 사람들은 어디서나 인정을 받는다.

○ 하지만 이런 '친절한' 행동이 과해 우유부단할 때는 비난이 쏟아진다.

○ 주변 사람들과 다투기 싫어 매사 우물쭈물하다 보면 아무도 그 사람의 의중을 알지 못하기 때문에 오히려 큰 갈등을 빚게 된다.

○ 자신보다 남을 먼저 생각하는 마음이 너무 과해서 해결하기 힘든 문제까지 떠안는 경우도 많다.

○ 이렇듯 다툼을 두려워하는 성향은 부족한 자존감 때문인 경우가 많다. 자존감이 부족하다 보니 자신의 의견을 당당하게 말하지 못하는 것이다.

○ 이런 태도도 어릴 때는 '얌전하다', '착하다', '순하다' 같은 말로 칭찬을 받고 격려도 받는다. 하지만 어른이 되면 의견이 없다, 속을 모르겠다며 비난을 받는다.

당신이 할 수 있는 일

의존성 성격 장애 환자라면

☺ 자신의 기분이 어떤지, 자신이 바라는 것이 무엇인지 곰곰이 생각해보자.

☺ 상대가 싫어하더라도 조금이라도 용기를 내어 당신의 생각을 밝혀보자. 결과적으로 보면 주변 사람들도 당신이 억지로 참는 것보다 자기 생각을 말하는 쪽을 더 좋아하고 칭찬한다.

☺ 남에게 맞추어 살면 혹독한 대가가 돌아온다. 당신의 인성이 잘 발달하지 못할 것이다. 절대 그 사실을 잊지 마라.

☺ 당신은 다투기 싫어 그러는 것이지만, 계속 우유부단하게 '어정쩡한' 태도를 보이면 결국 모두에게 비난을 받는다.

가족이나 친구라면

☺ 의존적인 가족이나 친구에게 독립심을 키우라고 용기를 북돋아 주는 것은 좋은 대처법이다. 하지만 힐난하는 말로 상처를 주거나 부담을 주어서는 안 된다.

☺ 굴종적인 태도가 얼마나 많은 문제를 낳을 수 있는지 알려준다.

☺ 그들의 손을 잡고 함께 자립의 길을 걸으면서 한동안 곁을 지

커준다면 환자에게 큰 도움이 될 것이다. 그러나 목표는 어디까지나 의존적인 환자의 자립성 발달이어야 한다.

6장

혼자서 하겠다며
과도하게 화내는 사람

지금까지는 관계 의존성 탓에 혼자서는 도저
히 결정을 내릴 수 없어 가족이나 친구에게 도와달라고 매
달리며 자립심을 억누르는 사람들을 살펴보았다. 6장의 주
인공들은 이와는 반대로, 언뜻 보기에는 전혀 의존적이지 않
은 사람들이다. 그래서 겉으로 보기에 이들은 의존적인 성격
과는 정반대되는 성향인 것처럼 보인다. 이들은 매사 자신감
이 넘쳐서 누가 옆에서 조언이라도 하려 들거나 그들의 의
견을 묻지 않고 결정을 내리면 길길이 날뛰며 화를 낸다. 때
에 따라서는 심하다 싶을 정도로 자립을 주장한다. 하지만
이처럼 자립을 위해 지나치게 투쟁하는 것은, 사실 이들 역
시 관계 의존성으로 괴로워하고 있다는 증거다.

당신이 그런 사람들의 가족이나 친구라면, 아마 왜 저렇게까지 격한 반응을 보이는 건지 가끔 의아할 때가 있었을 것이다. 그래서 그 사람의 자신감이 과연 겉모습처럼 단단할까 의심이 들었을 것이다. 실제로 독립하기 위해 지나치게 노력하는 것은 과도한 '보상' 행동일 수 있다. 마음 저 깊은 곳에 있는, 불안에 떠는 의존적인 성격을 상쇄하기 위한 과도한 행동일 수 있는 것이다.

얀 글라우저는 부모가 늦은 나이에 얻은 귀한 외동아들이었다. 어머니는 간절히 아이를 원했지만 마음만큼 아이가 생기지 않아 슬퍼했다. 아이를 가지는 걸 거의 포기했을 무렵, 44세에 뜻밖에도 임신이 되었다. 얀이 태어났을 때 아버지는 무려 54세였다. 귀한 아이인 만큼 어디 가서 버릇없다는 소리를 듣지 않도록 부모는 아들을 매우 엄하게 키웠다. 얀은 부모의 말을 잘 들었고, 초등학교에 다닐 때까지만 해도 겁 많고 얌전한 아이였다. 부모와도 친구들과도 잘 지내고 싶어했던 그는 주변의 요구에 대체로 순응했다.

그런데 사춘기에 접어들면서 아이가 점점 변하기 시작했다.

부모는 사춘기 반항이겠거니 생각하여 아들을 '바른길'로 인도하기 위해 이런저런 방법을 써보았다. TV 시청이나 외출을 금지하거나 용돈을 주지 않는 등, 온갖 벌을 주고 야단도 쳤다. 하지만 당황스럽게도 얀은 눈도 깜짝하지 않았고 오히려 부모가 조금만 지적을 해도 불같이 화를 냈다. 그것이 끝이 아니었다. 16세 생일에 얀은 부모에게 앞으로는 절대 자기 인생에 간섭하지 말라고, 자기 인생은 자기가 알아서 살 테니 입도 뻥끗하지 말라고 당당히 선포했다. 실제로 아이는 그날부터 마치가족이 아니라 세입자가 된 것처럼 부모를 남 보듯 했다.

부모는 어찌할 바를 몰랐다. "내가 예순이고 남편이 일흔이야. 이 나이에 무슨 힘이 있겠어." 어머니는 친구에게 이렇게 하소연했다. "독립적이고 자기가 다 알아서 하는 건 좋은데, 무슨 말만 하면 물어뜯을 듯이 달려들고 한마디만 거들어도 민감한 반응을 보여." 어머니의 이런 느낌은 얀의 느낌과 다르지 않았다. 마음 저 깊은 곳에 겁 많고 소심한 어린 얀이 숨어 있다는 사실을 그도 잘 알았다. 하지만 그는 자신감과 독립의 노력을 갑옷처럼 몸에 두른 채 절대 그 갑옷을 벗으려 하지 않았다. 이런 성향은 어른이 되어서도 달라지지 않았다.

그는 똑똑하고 야망이 커서 좋은 대학교의 경제학과에 입학했고 우수한 성적으로 대학을 졸업했다. 그리고 곧바로 원하던 회사에 취직했고 동기들보다 훨씬 빠른 속도로 승진해, 31세에 팀장이 되었다. 열심히 일하여 성공한 사람이니만큼 모두가 그를 칭송했고 부하 직원들은 그를 존경했다. 하지만 그를 좋아하는 사람은 아무도 없었다. 부하 직원들 사이에서 그가 '버럭하는 사람'으로 악명이 높았기 때문이다. 누구든 옆에서 한마디만 거들어도 그는 버럭 화를 냈다. "감히 나를 가르쳐? 내가 시키는 대로 안 하려거든 나가. 여기선 내가 결정해." 한 번은 장기근속한 부하 직원을 '상사의 결정을 의심하는, 충성심 없는' 직원이라는 이유로 그 자리에서 바로 해고해버린 적도 있었다.

주변 사람들 눈에는 매우 독립적으로 비칠지 몰라도, 이런 행동은 결코 진정한 자율성의 표현이 아니다. 누군가 그의 말에 반박하려 하거나 그와 다른 의견을 말하면 얀은 속으로 부들부들 떨었다. 부모에게 야단맞던 그 겁 많고 의존적인 아이가 되살아나는 기분이 들기 때문이었다. 그의 분노는 자신의 의존성을 부인하고 완벽하게 독립적인 사람인 척 보이려는 필사적인 노력이다.

　그러나 현실의 그는 노력만큼 독립적이지 않다. 부하 직원들과 다투고 나면 마음이 며칠이나 편치 않고, 심할 때는 밤잠을 설치기도 한다. 그는 매몰차게 자기 뜻을 관철하는 힘 있는 상사가 아니라, 화를 내야만 무력함에서 벗어날 수 있는 어린아이인 것이다.

얀의 삶에서 가장 눈에 띄는 점은 사춘기에 시작된 변화다. 말 잘 듣고 얌전하며 겁 많던 아이가 사춘기를 기점으로 바뀌기 시작하여 독립적이고 강압적인 상사로 변신했다. 44세와 54세라는 늦은 나이에 자녀를 얻은 부모는 처음에는 원하는 대로 아들을 엄격하게 키울 수 있었다. 그 결과 얀은 겁 많고 얌전하며 다툼을 싫어해 부모와 친구들에게 순종하는 아이가 되었다. 하지만 세월이 흘러 부모의 힘이 떨어지고 아이는 힘이 솟구치는 사춘기가 되자, 아이는 주변 사람들이 놀랄 정도로 격한 해방의 날갯짓을 시작했다. 심지어 16세가 되던 해에는 부모에게 대놓고 이제부터 자기 인생에 간섭하지 말라며 선전포고를 했다.

이런 종류의 관계 의존성 환자는 얀과 비슷한 일을 겪었을 것이고 그를 통해 어린 시절의 의존성과 무기력을 다 털어버렸다고 생각한다. 하지만 속내는 얀과 크게 다르지 않다. 단단한 갑옷으로 무장한 채 성장했지만, 마음 저 깊은 곳에는 여전히 겁 많고 의존적인 아이가 살아 숨 쉬고 있다고 느낄 것이다.

당신이 그런 환자의 가족이나 친구라면 그들의 갑작스러운 행동 변화에 적잖게 당황했을 것이다. 물론 어릴 적 그렇게 의존적이던 아이가 자신감을 뽐내며 주변의 주장에 휘둘리지 않게 된 것은 반길 만한 일이다. 하지만 그 변화가 너무도 급격하다 보니 마음 한구석이 왠지 모르게 찜찜하다. 아이의 본성이 정말로 달라진 것인지 아니면 그냥 겉으로만 그런 척하는 것인지 혼란스럽다.

당연히 당신의 그 사람도 얀처럼 후자의 경우일 수 있다. 그렇다 하더라도 그 단단한 갑옷을 의심하는 듯한 말이나 행동을 해서는 절대 안 된다. 비록 환자의 자신감이 관계 의존성을 상쇄하기 위한 과도한 몸짓이라 해도, 어쨌거나 그 단단한 갑옷은 환자가 불안과 의존의 소용돌이에 휩쓸려 허우적거리지 않도록 막아주는 방패 역할을 하고 있으니까 말이다.

물론 의존성을 상쇄하기 위한 과도한 독립의 몸짓이 바람직한 해결책인 것은 절대 아니다. 그리고 이런 관계 역학을 해결하기 위해서는 보통 전문가의 도움이 필요하다. 심리치료를 통해 환자는 내면의 겁 많고 의존적인 아이와 지나친 자립심의 격차를 좁히고, 그로 인한 심리적 긴장을 해소할 수 있게 된다. 따라서 당신이 환자의 가족이나 친구라면 무엇보다 환자가 심리치료를 시작할 **계기 마련**에 힘써야 한다. 얀 같은 사람들은 절대 자기 발로 전문가를 찾아가지 않는다. 단단한 가짜 자신감의 갑옷으로 몸을 칭칭 둘렀기에, 의존적 성격이 불러올 고통을 어느 정도는 막을 수 있기 때문이다. 하지만 얀의 사례에서도 설명했듯 이런 자신감은 어디까지나 상대적인 것에 불과하다. 의존성은 평생 이들의 삶을 옭아매는 족쇄이기 때문이다. 자기 확신에 불타고 매우 독립적으로 보일지 몰라도, 마음속에는 항상 나약하고 힘없는 아이가 깃들어 있다.

이런 종류의 관계 의존성으로 고통받는 환자는 온종일

주변 사람들이 본인의 자율성을 존중하지 않는 것 같다는 생각에서 벗어날 수가 없다. 그나마 상대에게 버럭 화를 내는 그 짧은 순간에는 잠시나마 권력과 독립을 되찾은 것 같은 기분에 젖을 수 있다. 그래서 얀이 그랬듯 환자는 남들에게 당신의 결정을 강요하고 권력을 휘두르면서 자신이 독립적이고 주체적으로 행동하고 있다고 스스로를 달랜다.

하지만 마음 저 깊은 곳에선 그런 행동이 결국엔 아무짝에도 쓸모없는 노력이라는 것을 누구보다 잘 알고 있을 것이다. 타인을 자기 뜻대로 좌지우지하는 순간에는 잠시나마 자신이 독립적인 인간이 된 것 같은 망상에 젖을지 모른다. 하지만 그런 행동은 그를 괴롭히는 의존성과 그로 인한 불안과 공포를 절대 해소해주지 못한다. 가짜 독립의 갑옷을 두르면 어떤 위협이든 다 물리칠 수 있을 것 같지만, 마음 깊은 곳에 자리한 의존성의 아킬레스건은 평생 사라지지 않는다.

의존성이 높은 사람들이 바라는 것은 사랑과 인정이다. 하지만 얀이 그랬듯 이들은 주변 사람들에게 사랑을 받지 못한다. 기껏해야 뛰어난 능력으로 존경을 받을 뿐, 대부분은 까칠한 성격 탓에 두려움의 대상이 될 뿐이다. 바로 이것이 이들의 비극이다. 따라서 앞서 설명한 성격이나 행동 방식을 자신에게서 발견한다면, 혹시라도 사랑과 인정을 받고 싶은 욕망과 두려움의 대상이 된 현실 사이에 격차가 있는 건 아닌지 고민해보길 바란다. 이런 고민이 심리치료를 받겠다는 결정으로 이어질 수도 있을 테니 말이다. 굳이 고통스러운 상태를 계속 고집할 이유가 무엇이겠는가. 심리치료를 통해 이런 문제의 원인을 찾고 안정된 자신감을 키우면, 진짜로 자립적인 삶을 살 수 있을 것이다.

요점 정리

○ 의존성 성격 장애 환자 중에는 보통 사람들보다 더 자립심과
  자율성을 뽐내는 사람이 있다. 이는 내면에 숨은 관계 의존적
  성향을 상쇄하려고 과도하게 노력하는 것이다.

○ 하지만 그들의 마음 깊은 곳에는 여전히 겁 많고 나약한 아이
  가 또렷하게 남아 있다.

○ 소심하고 의존적인 아이가 어느 순간 갑자기 자립성을 과시하
  는 어른으로 변할 수 있다.

○ 이런 사람들은 보통 전문가의 도움을 원치 않는다. 관계 의존
  성의 소용돌이에 휩쓸리지 않기 위해 '단단한 갑옷'을 몸에 두
  른 데다, 사회적으로도 크게 출세하는 경우가 많기 때문이다.
  혹시 전문가를 찾더라도 번아웃이 오거나 소중한 인간관계가
  깨졌을 때만 마지못해 찾아갈 뿐이다.

당신이 할 수 있는 일

의존성 성격 장애 환자라면

☺ 당신의 마음에 숨어 있는 겁 많고 나약한 아이의 말을 무시하지 말고, 귀를 열어 그 아이의 말을 경청하고 아이의 고통을 진심으로 인정하자.

☺ 과도한 보상 행동이라는 '갑옷'으로는 절대 당신이 진심으로 바라는 사랑과 인정이 돌아오지 않는다.

☺ 번아웃이 오거나 소중한 사람이 당신 곁을 떠날 때까지 심리치료를 미루지 말자. 당신의 의존적이고 겁 많은 내면의 아이나 '단단한 갑옷'을 마주한다고 해서 다시 어릴 때처럼 나약하고 무력해지는 것은 아니다. 오히려 더 강한 사람이 될 것이고, 마음도 더 편해질 것이다.

가족이나 친구라면

☺ 환자의 '단단한 갑옷'에 현혹되지 말고, 그 안에 숨은 겁 많고 나약한 아이를 제대로 바라보아야 한다.

☺ 그렇다고 해서 환자의 '단단한 갑옷'을 비난해서는 안 된다. 어쨌거나 그 갑옷은 환자가 의존의 소용돌이에 휘말리지 않게 보

호해주는 방패막이다.

☺ 환자의 '약한' 측면을 지적하고 당신에게도 마찬가지로 불안과 근심, 걱정 같은 '약한' 측면이 있다는 것을 자주 보여주자. 그래야 환자도 이 세상에는 '단단한 갑옷'만 있는 게 아니라는 사실을 알게 된다.

☺ 환자의 문제점을 직간접적으로 지적하고 논의하다 보면 환자도 치료를 받겠다는 의사를 내비칠 수 있다. 환자가 '심리치료'라는 말에 거부감을 느끼는 것 같다면 '전문가의 조언'이나 '코칭' 같은 용어를 사용하자.

7장

종교 단체에서
빠져나오지 못하는 사람

관계 의존성으로 인한 문제는 개인 사이에서
만 일어나는 일이 아니다. 관계 의존성은 집단 차원에서도
골치 아픈 문제를 만들어낸다. 더구나 이런 경우 집단역학적
요인이 추가되어 상황이 훨씬 더 복잡해진다. 특히 의존성
환자에게 극단주의 종교 단체가 손을 뻗칠 경우 단체는 어
마어마한 힘으로 환자를 빨아들인다. 이 소용돌이에 빠져든
환자는 외부의 도움 없이는 문제의 단체에서 쉽사리 헤어나
올 수가 없다.

라우라 마이어는 보수적인 집안에서 자랐다. 외동이었고 자
라는 내내 '얌전하다', '순하다'는 칭찬을 들었으며 겁이 많은

아이였다. 한 번도 부모의 뜻을 거역한 적이 없었고, 항상 착한 딸이 되려고 노력했으며 최대한 갈등을 피했다. 학교에서도 매사에 소극적이다 보니 한번은 담임 선생님이 학부모 상담 때 '너무 고분고분하다'라며 걱정을 털어놓은 적도 있었다. 담임 선생님은 라우라가 친구들 틈에 끼어 놀기는 했지만, 좋아서라기보다는 마지못해 놀아주는 것 같다며 걱정했다. "친구들하고 잘 어울리고, 친구들이 하자는 대로 잘 따라줍니다. 그래서 다투는 일이 없지요. 하지만 걱정스럽기도 합니다. 아이가 자기 의견이나 원하는 것을 이야기한 적이 전혀 없거든요." 하지만 라우라의 부모는 딸의 이런 태도를 전혀 문제 삼지 않았다. 오히려 딸이 또래 친구들하고 잘 어울리니 문제없이 잘 크고 있다고 생각했다.

그러던 어느 날 라우라와 친한 친구 두 명이 그에게 교회 행사에 같이 가지 않겠느냐고 물었다. 라우라는 종교에는 별 관심이 없었지만 그러겠다고 했다. 세 아이는 교회의 청소년부 전담 목사가 기획한 다양한 프로그램에 참석했다. 프로그램은 악기 연주도 하고 노래도 부르고 춤도 추는 특별 예배, 주말 소풍, 여름 방학 청소년 수련회 같은 행사 등으로 다양했다.

어느 주말에 친구들과 함께 교회 소풍을 다녀온 라우라는 부모에게 신이 나서 떠들었다. "거긴 진짜 기독교인들이 모인 곳이에요. 하나님 이야기도 많이 하지만 예수 그리스도가 삶의 중심이거든요." 부모는 얼마 전만 해도 친구들 때문에 마지못해 교회를 다니던 딸이 갑자기 교회를 너무나 좋아해서 깜짝 놀랐다. 하지만 딸의 말에 더 토를 달지는 않았다. 오히려 평소 겁 많고 소극적이던 라우라가 교회 친구들과 친하게 지내고 온갖 활동에 적극적으로 참여하는 것이 큰 발전이라고 생각했다. 부모는 그 당시(라우라가 16~17세였던 무렵) 딸을 대체로 내버려두었고, 목사와 교회 친구들이 딸에게 어떤 영향을 미칠지 크게 걱정하지 않았다.

라우라가 18세가 되는 생일을 앞둔 어느 날, 고등학교 졸업 후에 시작했던 플로리스트 교육 받기를 그만두고 교회 숙소로 들어가겠다고 선언했다. 그제서야 부모는 무언가가 잘못되었다는 걸 알았다. 그럼 앞으로 직장은 어쩔 것이냐는 질문에 라우라는 걱정하지 말라며 이렇게 대답했다. "마르쿠스 목사님하고 의논할 거예요. 그분이 알아서 해주실 거예요." 그제야 부모는 라우라가 이미 얼마나 자신들과 멀어졌는지, 교회와 그

목사라는 사람이 얼마나 라우라의 마음에 큰 자리를 차지하고 있는지 깨달았다. 어머니는 어떻게든 라우라의 마음을 돌리려고 직업상담센터에 같이 가 보자고 채근했다. 하지만 딸은 단호하게 거절했고 이제부터 남은 삶을 오직 예수 그리스도에게 바치고 싶어 집을 나가는 것이라고 말했다. 교회 친구들처럼 예수께서 올바른 길로 자신을 인도해주실 것이라며 말이다.

부모는 딸의 가출을 '사춘기 반항' 정도로만 치부했고, 라우라가 막상 숙소에 들어가보면 불편한 점이 한둘이 아닐 테니 곧 돌아오리라 생각했다. 하지만 몇 달이 지났고 딸은 더 멀어지기만 했다. 집에는 거의 발을 들여놓지 않았고 집에 온다고 해도 사실상 집에 있는 자기 물건을 가지러 올 뿐이었다. 어쩌다 한번 집에 와도 부모와 뻔한 안부 인사만 주고받았다. 부모가 숙소가 어디냐고 물어도 딸은 시 외곽의 농가에 산다고만 대답했고, 어떻게 지내느냐 물어도 똑같은 대답만 되풀이했다. "모르셔도 돼요. 전 너무 좋아요. 이제야 진짜 가족을 찾았거든요." 앞으로 직장은 어쩔 것이냐는 질문에는 입을 다물어버리거나 부모의 말을 자르며 쌀쌀맞게 대답했다. "두 분은 상관 마세요. 진짜 집에서 의논할 거니까."

어느 날 라우라의 어머니는 딸의 통장 잔고를 확인했다가 깜짝 놀랐다. 라우라는 몇 년 전에 할머니에게서 상당한 돈을 유산으로 물려받았는데 당시는 아직 미성년자라서 법정대리인인 어머니가 통장을 관리하고 있었다. 그런데 딸이 그사이 정기적으로 돈을 찾은 탓에 원래 1만 유로(약 1400만 원)였던 통장 잔액이 4천 유로(약 570만 원)로 줄어든 상태였다. 어머니는 라우라에게 연락해서 어떻게 된 일인지 물어보려 했다. 하지만 딸의 휴대전화로 아무리 전화를 해도 없는 번호라는 대답만 돌아왔다. 나중에 다시 만난 딸은 숙소에서는 휴대전화를 쓸 수 없으므로 숙소로 들어가자마자 전화를 해지했다고 대답했다.

어머니는 라우라가 통장에 남은 돈까지 다 써버릴 것 같아서 은행에 계좌 거래 중지를 요청했다. 하지만 라우라가 이미 성인이기 때문에 그럴 수가 없었다. 결국, 어머니는 너무 걱정이 된 나머지 잘못된 행보를 취하고 말았다. 남은 4천 유로를 자기 통장으로 이체시켜버린 것이다. 이틀 후 화가 머리끝까지 난 라우라가 부모를 찾아와 돈을 돌려달라고 요구했다. "당장 도로 내 통장으로 돈을 이체하지 않으면 고소할 거야. 내가 도둑질을 가만히 봐둘 것 같아? 숙소에서 돈이 필요하단 말이야."

라우라는 이미 어머니의 대리권까지 박탈시켜놓은 후였다.

부모는 라우라를 달래려고 애썼다. 훔친 게 아니라 라우라가 돈을 다 써 버릴까 봐 미리 조처한 것이라고 말이다. "분명 나중에 그 돈이 정말로 필요할 때가 올 거야. 그때가 되면 나한테 고마워할걸." 하지만 어머니의 설명은 딸의 화를 더 돋우었을 뿐이었다. 라우라는 때리려는 듯 양손을 치켜들고 어머니에게 다가오며 소리를 질렀다. "당장 돈 내놔. 안 그러면 가만 안 있을 거야." 어머니는 놀라 뒷걸음치며 딸을 달래려 애썼다. "알았다. 알았어. 내일 2천 유로를 네 통장으로 보낼게." "말했지. 한 푼도 남기지 말고 전부 다 부쳐. 지금 당장. 내가 보는 앞에서 온라인 뱅킹으로 부쳐." 어머니는 아무리 달래도 소용없다는 생각에 무거운 마음으로 4천 유로를 온라인 뱅킹으로 딸에게 이체했다. 돈을 부치면서 어머니는 라우라에게 지난 몇 달간 그 많은 돈을 다 어디에다 썼는지 물었지만, 딸은 묵묵부답이었다. 어머니가 이체를 마치자 라우라는 인사 한마디 없이 집을 나가버렸다.

그 후 6개월간 부모는 딸에게서 아무 연락도 받지 못했다. 숙소 주소도 모르는 데다 딸이 휴대전화도 없었으므로 딸한테 연락할 방도가 없었다. 부모는 고민 끝에 이단 상담소를 찾아 갔다. 그들은 딸의 상황을 설명하고 딸에게서 들었던 단체 지도자의 이름이 마르쿠스라는 것도 알렸다. 또 청년들이 무리를 지어 그 지도자와 함께 시 외곽의 농가에서 산다는 설명도 곁들이자 상담사는 어떤 종교 단체인지 금세 알아차렸다.

상담사는 왜 그런 종교 단체가 특히 청년들에게 큰 매력으로 다가가는지 설명했다. 온갖 가치관이 혼재하고 충돌하는 복잡한 현대 사회에서 명확한 세계관을 제시하며 무엇이 옳은지 그른지를 분명하게 '가르쳐주는' 그런 단체가 청년들에게 안도감을 주고 인생의 위기를 극복하는 것을 도와주기 때문이라고 했다. 라우라가 그 집단의 매력에 완전히 빠져들었다는 부모의 말에 상담사는 자기도 그렇게 생각한다고 답했다. 자기 경험으로 미루어 보아 그런 단체는 청년들에게 아주 강한 영향력을 미친다고 말이다. 청년들은 그곳에서 강렬한 집단 경험을 하게 되고 심지어는 단체와 자신을 분리될 수 없는 하나라고 느낀다. 스승을 자처하는 지도자가 신도들 위에 군림하며 집단을 이끌고, '선택받은 내부인'과 '외부인'을 구분하여 외부인을 '패배자', '깨우치지 못한 자'라고 깎아내리고 완전히 배척함으로서 집단의 결속력을 다진다. 그래서 라우라가 그랬듯 부모가 지도 단체의 적으로 규정하여 배척의 대상으로 삼는다. 지도자는 신도들에게 과거의 모든 인간관계를 단절할 것을 권유하고, 아예 완전히 단절하라고 지시하는 경우도 있다.

라우라의 부모가 딸의 통장 이야기를 꺼내자 상담사는 한숨을 쉬며 전형적인 상황이라고 했다. 단체 지도자들은 돈에 아주 관심이 많다. 그들은 신도들에게 욕심 없는 청빈한 삶을 살아야 하며 '비천한 돈'을 버리고 '더 높은 곳'으로 올라야 한다고 가르친다. 그러면서 돈과 재산을 집단에 바치라고 요구하고, 이렇게 신도들은 이중으로 집단에 예속된다. 정서적으로 지도자에게 의존할 뿐만 아니라 물질적으로도 완전히 종속되는 것이다.

외부와 완전히 담을 쌓은 폐쇄적인 사회에서는 권력의 격차가 극심한 집단 구조가 탄생한다. 카리스마가 넘치는 지도자가 최고의 권력자로서 모든 통제권과 명령권을 거머쥐고, 그에게 복종하는 신도들은 조건 없는 충성의 의무를 지게 되는 것이다. 상담사는 그런 단체가 특히 더 위험한 것은 나이 특성상 모범이 될 만한 이상적 인물을 찾아 헤매는 라우라 같은 청년들의 심리를 이용하기 때문이라고 말했다. 하지만 그런 단체의 지도자는 청년들의 자율성을 키워줄 수 있는 진정한 모범이 아니라고 했다.

상담사의 이야기를 들을수록 부모의 상심은 깊어졌다. 상담소를 찾을 때만 해도 이런 짓도 '다 한때'일 것이며 딸이 곧 정신을 차릴 것이라고 자신을 달랬다. 하지만 상담을 하다 보니 그런 집단의 흡인력이 얼마나 강력한지, 그런 집단 지도자가 얼마나 의도적으로 신도들을 옭아매려 하는지를 깨닫게 되었다. "그럼 어떻게 해야 하나요? 이제 우리 딸이 영영 안 돌아올까요?" 부모는 충격에 빠져 물었다. 상담사는 긍정적인 답변을 해드리지는 못하겠다고 대답했다. 법적으로 그 단체를 고소해서 라우라를 빼낼 방법은 없다고 말이다. 라우라는 이미 성인이고, 자발적으로 단체에 들어갔기 때문이다. 하지만 그런 집단의 신도 중에는 어느 정도 시간이 지나고 나면 집단에서 부담감이나 압박감을 느끼는 경우가 있다. 그럴 때 다시 예전에 알던 사람들에게 연락을 취한다고 했다.

따라서 상담사는 라우라가 부모에게 연락하거든 절대로 야단을 치거나 그 단체를 비난해서는 안 된다고 당부했다. 그런 식으로 반응하면 라우라가 반발심에 다시 단체로 돌아갈지도 모른다고 말이다. 대신 너른 마음으로 라우라를 받아주고 그런 집단에서 탈출한 경험이 있는 치료사를 찾아 심리치료를 받아보자고 권해야 한다고 했다. 상담사는 부모에게 이단 상담소에서 추천하는 심리치료사 리스트를 건네주며, 혹시 너무 힘이 들거든 그들을 찾아가서 상담을 받을 수 있다는 말도 곁들였다.

라우라의 사연을 이렇게나 상세하게 소개한 이유는, 청년들이 "사상적·교조적인 신앙 공동체"[7]나 "극단주의 종교 단체"[8]에 빠지는 과정이 서서히 진행되며 주변 사람들도 눈치채지 못할 때가 많다는 사실을 보여주기 위해서다. 사실 누구나 이런 의존 상태에 빠져들 수 있다. 하지만 관계 의존적 성향이 높은 사람은 이런 위험에 빠질 가능성이 더 크며, 특히 청소년과 청년이 위험하다. 이들은 인간관계를 맺을 때 주로 타인 의존적·지향적인 방식을 취하기 때문이다.

교회에 들어간 후, 말 잘 듣고 겁 많던 아이에서 '마침내 진짜 가족을 찾았다'고 생각하는 청년으로 성장한 라우라가 바로 그런 경우다. 교회에서는 모두가 자신의 말을 진지하게 들어주고, 카리스마 넘치는 이상적인 '아버지'인 지도자에게 의지할 수 있게 되었다. 또한 나이가 들수록 더 거세지던, 자립하거나 스스로 결정하라는 요구에서 자유로워졌다. 굳이 자립할 일 없이 '강한' 권위자에게 모든 것을 믿고 맡기고 싶은 라우라의 욕망과, 신앙 공동체가 요구한 태도(절대적으로 복종하고 집단의 규범에 따라야 하는 의무)가 서로 만나 딱 맞아떨어졌다.

독일 연방 의회 '이단 및 심리집단' 조사 위원회는 이런 역학을 '종교와 욕구의 합치'라고 칭한다.[9] 라우라와 같은 상황에서는 해당 종교 공동체가 개인과 사회의 문제나 그 의미에 어떤 답을 제시하며, 그 답이 집단 구성원의 욕구와 얼마나 잘 맞는지가 중요하다. 라우라가 들어간 공동체는 그가 찾던 것, 즉 어른이 되어가면서 그가 점점 더 감당할 수 없던 것을 제공해주었다. 모든 것을 스스로 결정하고 삶을 자립적으로 살아가야 한다는 라우라의 불안은 자신에게 모든 책임을 맡기고 무조건 복종하라는 지도자의 요구와 정확히 부합한다. 즉 위에서 말한 '종교와 욕구의 합치'가 완벽했던 것이다. 따라서 이런 공동체가 청년들에게 발산하는 매력이 매우 클 수밖에 없다.

물론 딸이 카리스마 넘치는 지도자나 집보다 더 편안한 종교 단체에 갓 열광하던 시점에 부모가 낌새를 알아차리고 딸을 말렸더라면 좋았을 것이다. 하지만 사교적이지 못한 딸이 처음으로 신이 나서 또래 친구들과 잘 어울리는 모습을 본다면, 어느 부모라도 이런 상황을 긍정적으로 생각할 것이다. 그것이 자립성과 자발성을 키우는 길이 아니었다는 사실을, 오히려 그 단체에 들어간 탓에 의존성이 더 심해졌다는 사실을 라우라의 부모는 미처 알지 못했다.

다양한 가치관과 규범이 충돌하는 복잡하고 이질적인 사회에서, 청년들은 어디로 가야 좋을지 방향을 확실히 알려주지 않는 혼돈과도 같은 세상을 마주한다. 더구나 어른들이 청소년과 청년에게 믿고 기댈 수 있는 모범을 보여주지 못하는 경우가 많다. 극단주의 종교 단체는 바로 이런 빈틈을 파고든다. 모두가 반드시 지켜야 하는 행동 지침과 가치관을 제시하고, 명확한 노선을 갖춘 세상을 만들어 보여주기 때문이다. 따라서 라우라 같은 청년들은 그런 곳에서 오랫동안 간절히 찾아 헤매던 아늑함을 느낄 수 있고 '진짜 가족'을 찾은 것 같은 기분을 맛볼 수 있는 것이다.

독일 심리학자 미하엘 우치Michael Utsch의 표현을 그대로 옮겨보면 "근본주의 종교는 (…) 확신을 향한 동경"을 잠재워주고 "복잡다단한 세상에서 명확한 행동지침을 제시한다."[10] 사실 누구나 이런 걸 한 번쯤 꿈꾸기도 한다. 하지만 관계 의존성이 강한 사람은 특히 이런 극단주의 종교 단체에 잘 끌린다. 라우라가 그랬듯 이런 단체에서는 제 어깨를 짓누르던 책임을 지도자에게 떠넘기고, 퇴행적 방식이라도 대가족과 하나가 되었다는 기분에 젖을 수 있기 때문이다. 나아가 '불신자', '패배자들'과 달리 자신은 '진정한 신앙'을 찾아 '선택받은 자', '깨우친 자'의 대열에 들어갔다고 여기기에 자존감도 크게 높아진다.

이런 가짜 확신의 대가로 신도들은 단체의 규범에 완벽하게 복종하고 지도자에게 절대적으로 충성해야 한다. 의존성 성격 장애 환자는 이런 상황을 답답해하거나 불쾌하다고 생각하기는커녕 안도감을 느낀다. 하지만 자율성의 발달 측면에서 이는 실로 치명적인 상황이 아닐 수 없다. 라우라는 종교 단체에 가입하고 나서도 본래 부모와 친구들에게 기대던 의존적인 마음을 버리지 못했다. 그저 그 의존성을 종교 단체에 대한 더 큰 의존성으로 바꾸었을 뿐이다. 이처럼 독단적인 신앙 공동체와 극단주의 종교 단체는 의존성 성격 장애 환자에게 엄청난 위험을 안긴다.

이런 심리적 속박 외에 경제적 의존도 큰 문제를 일으킨다. 이런 단체의 상당수가 신도의 사유재산을 허락하지 않는다. 신도들은 자신이 가진 돈을 전부 단체에 바치고, 그 돈은 오직 지도자만 사용할 수 있다. 라우라가 통장에 있는 돈을 빼서 단체에 바치려는 것도 같은 이유다. 이 시기 라우라는 단체의 교리에 푹 빠져서 자신의 돈을 지도자에게 바치는 것이 당연하다고 생각했다. 이는 라우라가 단체에 경제적으로도 종속되는 결과를 초래했다.

당신이 만일 극단주의 종교 단체에 빠진 사람의 가족이나 친구라면 라우라의 부모처럼, 정말 할 수 있는 일이 아무것도 없는지 의문이 들 것이다. 상담사가 라우라의 부모에게 설명했듯, 보통은 그런 단체에서 신도를 빼낼 방법이 없다. 라우라가 그랬듯 당신의 그 사람도 자발적으로 단체에 들어갔기 때문에, 그가 원치 않는 한 그를 빼내 올 방법은 없다.

당신이 할 수 있는 유일한 조치는 단체에 들어간 그 사람과 연락이 완전히 끊어지지 않게 노력하는 것이다. 가령 그가 어디 사는지 어떻게든 알아내서, 그의 생일이나 명절에 인사를 전하는 것도 좋은 방법이다. 하지만 당신의 카드나 편지가 그의 손에 무사히 들어갈지는 미지수다. 그런 단체에서는 바깥에서 온 모든 편지를 사전에 검열하는 경우가 많기 때문이다. 미리 읽어본 후 내용이 무난하다고 판단한 후에야 편지를 당사자에게 전달한다. 그러므로 환자가 당신의 편지를 읽고 답장을 보낼 것이라 기대하지 말자. 설사 그가 당신의 편지를 받았다고 해도, 단체와 지도자에게 해가 될까 겁나서 답장하지 않을 수도 있다. 그래도 최선을 다해 그와 연락을 유지하려 노력해야 한다.

또 라우라의 부모에게 상담사가 했던 충고를 명심하자. 혹시라도 환자가 연락하거든 절대 야단치거나 단체를 비난해서는 안 된다. 당신의 사랑이 전과 다름없다는 것을 보여주려 노력해야 한다. 그래야 그가 단체를 나오고 싶을 때 제일 먼저 당신에게 뜻을 전할 것이다. 또 설사 그가 당신에게 단체를 나오고 싶다는 뜻을 전한다 해도, 최대한 그 단체에 대해서는 말을 삼가야 한다. 본인이 단체를 떠나고 싶다 해도, 심지어 이미 발을 뺐다고 해도 아직 그의 머릿속에는 그 단체의 교리가 새겨져 있을 것이다. 따라서 당신이 비판적인 말을 하면 그가 마음에 상처를 입을 위험이 크고, 여전히 단체의 교리를 지켜야 할 것 같다는 의무감을 느낄 수 있다. 이럴 때 당신이 그를 비판해서 괜히 그에게 갈등을 일으킨다면 그는 다시 단체의 품으로 돌아가 버릴 수도 있다.

종교 단체에 빠졌던 사람을 도울 수 있는 최고의 방법은 같은 경험이 있는 심리치료사에게 치료를 받도록 격려하는 것이다. 그 전에 미리 이단 전문 상담소에 문의하여 심리 치료사를 추천받아두면 좋다. 상담소에서 환자에게 보여줄 자료도 얻을 수 있다. 운이 좋다면 당신이 전해준 그 자료를 읽고서 가족이 치료를 받겠다고 마음을 돌릴 수도 있다. 그럴 때는 상담소에서 받은 치료사 명단을 가족에게 알려주자. 심리치료로 종교 단체에서 지내는 동안 그가 겪었던 일들을 바람직한 방법으로 치유할 수 있다. 그곳에서 겪었던 일이 트라우마를 일으킬 수준으로 심각해 치료에 특수한 지식이 필요한 경우도 적지 않기 때문이다.

당신이 라우라처럼 의존성을 악용하는 단체에 들어간 의존성 성격 장애 환자라면, 아마 스스로 단체를 나오겠다고 마음먹기가 매우 어려울 것이다. 전문가들은 그런 단체에 들어갔던 사람 중에서 절반 정도가 단체에서 나온다고 추정한다. 그럼에도 외부의 도움 없이 그곳에서 발을 빼기란 쉬운 일이 아니다. 어쩌면 환자도 가끔은 과연 이것이 옳은 길인지 의심이 들 것이다. 자신이 택한 퇴행적 삶의 대가가 너무도 커서 이제는 자립성을 완전히 잃었다는 생각이 들 때도 있을 것이다. 그런 순간이 온다면, 절대로 그 생각을 멈추어서는 안 된다. 지금 당신이 품고 있는 신앙을 굳건히 지키면서도 이렇게 극단적인 방식으로 자율성을 포기하지 않는 다른 형태의 삶이 있을지도 모른다는 고민이 든다는 것 자체가 이미 좋은 징조니까 말이다.

그럴 땐 믿을 수 있는 사람과 대화를 나누어보자. 종교적인 삶을 추구하는 당신의 삶을 인정하면서도 '두 발로' 현실의 땅을 굳건히 딛고 선, 현실을 대변할 수 있는 사람이어야 한다. 그런 사람과 대화를 나누다 보면 종교적인 삶과 진

정한 영성을 향한 당신의 소망을 인정받으면서도, 그 단체가
진정으로 의미 있는 삶의 방식을 추구하는지 올바르게 점검
할 수 있을 것이다.

요점 정리

○ 누구나, 특히 청년이라면 극단주의 종교 단체의 매력에 빠져들 수 있다. 정신적으로 문제가 있는 사람만 그런 단체에 빠지는 것이 아니다.

○ 이런 단체가 청년들에게 강한 매력을 발산하는 이유는 충돌하는 가치관이 혼재하는 복잡한 현대 사회에서 명확한 세계상과 뚜렷한 가치관을 제시하기 때문이다.

○ 이런 종교 단체들은 조직이 권위적이어서, 카리스마가 넘치는 지도자가 통솔권과 명령권을 쥐고 나머지 집단 구성원들은 그에게 무조건 충성해야 한다.

○ 그런 단체는 구성원들을 '선택받은 자'로 추켜세우며 '외부인'을 배척하는 폐쇄적인 시스템을 유지한다. 심한 경우 과거의 인간관계를 완전히 차단하기도 한다.

○ 단체에서 발을 빼기란 쉬운 일이 아니다. 정서적·사회적으로 종속된 데다 경제적으로도 종속되는 경우가 적지 않기 때문이다.

○ 단체에서 완전히 벗어나려면 전문가의 심리치료가 필요한 경우가 많다.

당신이 할 수 있는 일

의존성 성격 장애 환자라면

☺ 당신이 권위적인 종교 단체에 발을 들였다면 보통은 그 단체의 긍정적이고 매력적인 부분만 눈에 들어올 것이다. 그래도 비판 정신을 완전히 버리지는 않도록 노력해야 한다. 단체가 어떤 종류인가에 따라 다르겠지만 모든 단체가 반드시 '완벽한 가입'과 '완벽한 탈퇴' 중 하나를 선택해야 하는 것은 아니다. 집단을 일정 정도 이용하면서도 적당히 거리를 둘 수 있는 단체도 있을 것이다.

☺ 단체 바깥의 가족이나 친구들과 관계를 유지하도록 노력하자.

☺ 단체에 완전히 의존하며 사는 것이 찜찜하다는 마음이 들기 시작한다면, 단체 바깥에서 믿을 만한 사람을 골라 대화를 나누어보아야 한다.

☺ 당신이 이미 많은 것을 의존하고 있으므로, 그런 단체에서 나오고 싶다면 전문가의 도움을 받아야 한다.

가족이나 친구라면

☺ 가족이나 친구가 위험해 보이는 단체와 교류하는 것 같다면 그

단체의 교리와 규칙을 잘 알아보자. 이때 단체를 생각 없이 비판하는 것은 삼가야 한다. 함부로 비판하면 환자는 입을 다물어버릴 것이고, 심할 경우 아예 당신과 관계를 끊어버릴 수도 있다. 환자에게 단체에 대해 질문할 때도 누가 봐도 명확한 문제를 골라 조심스럽게 물어야 한다.

☺ 단체에 들어간 환자와는 어떤 일이 있어도 관계가 끊어지지 않게 노력해야 한다. 그래야 그가 외부 세계와 완전히 단절되지 않을 것이고, 혹시라도 나중에 단체에서 나오고 싶을 때 당신이 도움을 줄 수 있다.

☺ 환자가 어디 사는지 알 수가 없고 연락도 되지 않아서 어떻게 할 도리가 없을 때는, 이단 상담소를 찾아가 상담을 해보자.

☺ 환자가 다시 당신에게 연락하거든 절대 그를 야단치거나 비난해서는 안 된다. 아무 말 없이 그 사람을 받아주고, 이단 전문 상담사에게 상담을 받을 수 있게 옆에서 도와주어야 한다.

8장

평생 부모에게
얹혀살겠다는 사람

'캥거루족'이란 성인이 되어서도 부모에게 얹혀사는 청년을 일컫는 말이다. 독일의 경우 청년 대부분이 대학에 들어가면 바로 독립하지만, 1980년대 이후로 청년이 독립하는 연령대가 날로 높아지고 있다. 부모의 집을 나와 혼자 살기 시작하는 시기가 늦어지고 있다는 것이다. 이는 전 세계적으로 관찰되는 현상이기에 비단 개인의 의존성 문제라고만 볼 수 없다. 2020년 독일 연방 통계청의 조사 결과를 보면 18~25세 젊은 남성 중 34퍼센트가 여전히 부모와 함께 살고 있다. 같은 연령대의 여성은 21퍼센트만 부모와 함께 산다.[11] 스위스의 수치도 비슷해서 1970~1980년대까지만 해도 성인 남성의 독립 나이가 20~21세이던 것이 현재는

24~25세로 높아졌다. 스위스 역시 여성이 같은 나이의 남성에 비해 훨씬 더 빨리 독립한다.

이런 전 세계적인 현상이 언론에 보도되는 것을 보며, 아마 당신은 이것 역시 특수한 종류의 의존적 행동이 아닐지 궁금했을 것이다. 당신이 부모라면, 다 큰 '자녀'가 도무지 독립할 생각을 하지 않을 때 이런 궁금증이 일었을 것이다. 당신이 부모와 계속 같이 사는 청년이라면, 왜 빨리 독립을 안 하냐는 핀잔을 주변에서 자주 들을 수도 있겠다.

요나스 라이저는 28세 청년으로, 고등학교를 졸업하고 디지털 경영 교육을 받은 후 중소기업에 취업해 사내 정보 지원과 정보 보호를 담당하고 있다. 아들이 취업하자 부모님은 당연히 요나스가 집을 구해 독립할 것이라고 예상했다. 물론 대놓고 독립을 하라고 채근하지는 않았다. 집이 커서 아들이 함께 살아도 큰 문제가 없었기 때문이기도 했다.

하지만 아버지가 가끔 독립 이야기를 꺼내도 아들은 웃으며 자기를 '떼어 버릴' 생각은 꿈에도 하지 말라는 농담으로 대응할 뿐이었다. 요나스의 어머니는 아들의 마음이 상할까 봐 걱정스러워 황급히 이런 말로 상황을 수습했다. "버린다니 무슨 그런 말을 하니? 당연히 여기 살아도 되지. 아빠 말씀은 그냥 너도 이제 성인이니까 혼자 살고 싶지 않느냐는 뜻이야." 요나스는 어머니의 말에 항상 똑같은 말로 대꾸했다. "난 지금이 너무 좋아요. 집도 크고 엄마 아빠랑 같이 사는 거 하나도 안 불편해요."

하지만 아버지는 그냥 넘어갈 수 없다고 생각해, 몇 번이나 이대로는 안 된다고 지적했다. 요나스는 지금까지 부모에게 생활비를 준 적이 한 번도 없었다. 더구나 가사도 전혀 하지 않았다. 하다못해 셰어하우스에 살아도 가사를 분담하는 게 당연하다. 그러니 장성한 자녀의 생활비를 부모가 다 책임지고 가사도 어머니가 다 맡아 하는 것은 말이 안 되는 상황이었다.

어느 날 아버지가 또 한 번 독립 문제를 거론했다. 그러자 요나스는 믿을 수 없다는 표정으로 눈을 동그랗게 뜨고 부모를 쳐다보았다. "내가 지금 남의 집에 세 들어 살아요? 여기는 우리 집이에요. 남들이 들으면 내가 무슨 엄마 아빠 등골 빼먹는 백수라도 되는 줄 알겠네." 아들의 말투에서 섭섭함과 분노가 묻어났기에 엄마는 이러다 괜히 부자 사이만 안 좋아질 것 같아 서둘러 그런 게 아니다, 어떤 부모가 자녀한테 그런 생각을 하느냐며 상황을 수습하려 했다. 아버지도 "그럼 당분간은 이대로 지내자"라며 말을 마쳤지만, 한마디를 덧붙이는 것도 잊지 않았다. "하지만 앞으로 계속 여기 살 생각이라면 이렇게는 안 된다."

그런데 얼마 전 요나스가 부모에게 장래를 생각해서 회사에 다니면서 야간 대학 경영정보학과에 다니겠노라고 선언했다. 대학을 졸업하면 승진 기회가 훨씬 많아질 것이라고 말이다. 부모는 허투루 살지 않고 미래를 알차게 계획하는 아들이 대견스러웠다. 하지만 한편으로는 그 말이 대학에 다닐 동안 아들이 계속 집에 눌러살겠다는 뜻이지 않나 싶어 고민스러웠다.

부모는 이 문제를 두고 서로 이야기를 나누었다. 이제 더는 아들을 데리고 살 수 없다고 생각하는 사람은 아버지만이 아니었다. 어머니 역시 집에 오면 손가락 하나 까딱하지 않는 아들이 섭섭하고 얄미웠다. 식사, 빨래, 청소는 물론이고 다림질까지 전부 어머니 몫이었고, 남편은 그나마 도와주기라도 하는데 아들은 정말이지 아무것도 하지 않았다. 더구나 주변에서도 다 큰 아들을 데리고 산다고 말이 많았다. 얼마 전 어머니는 친구한테서 이런 말까지 들었다. "너무한 거 아니니? 저렇게 장성한 아들을 끼고 살다니, 네가 잘못하는 거야. 애를 너무 오냐오냐하니까 자립심이 없잖아. 스물여덟이나 먹은 청년이 엄마하고 같이 살면서 생활비도 한 푼 안 주고 가사도 손끝 하나 안 대고. 이제 곧 야간 대학에 다닐 거라며? 아예 눌러붙을 생각이구나."

솔직한 친구의 말을 듣고 나니 요나스의 어머니도 사태의 심각성을 깨달았다. 그래서 아들을 불러서 남편과 함께 '진지한 대화'의 자리를 마련했다. 아들은 이번에도 여느 때처럼 농담으로 받아치면서 구렁이 담 넘어가듯 스리슬쩍 빠져나가려고 했다. 하지만 이번만큼은 부모도 단단히 각오한 터라 아들에게 이제부터는 생활비를 내고 가사도 분담해야 한다고 명확히 전달했다. 평소와 분위기가 다르다는 사실을 눈치챈 아들은 잠시 고민하더니 이렇게 대답했다. "지금 절 들들 볶아서 제 발로 나가게 하려는 생각인 거죠? 안 그래도 대학에 들어가면 일도 하랴 공부도 하랴 정신이 하나도 없을 텐데 가사까지 시키겠다고요? 알았어요. 정 돈이 없어서 온 식구가 굶어 죽을 정도라면 100~200유로(약 14~28만 원)는 드릴게요. 하지만 그 이상은 못 드려요."

부모도 이번만큼은 쉽게 물러서지 않았다. 100~200유로 같은 푼돈이 아니라 적절한 액수의 집세와 생활비를 지급하고 가사도 분담해야 한다는 뜻을 굽히지 않았다. 나아가 내년에는 반드시 집을 구해 독립하라고도 요구했다. 아들이 화난 표정으로 쳐다보자 어머니는 이런 말로 아들을 달랬다. "널 내쫓으려는 게 아니야. 네 나이에 부모랑 같이 살면 좋을 게 없어. 회사 동료들은 다 독립해서 혼자 살 텐데 안 부끄럽니?"

요나스는 어머니의 말에 이렇게 대꾸했다. "남들이 어디서 어떻게 살건 나하고 무슨 상관이에요. 그리고 요즘엔 서른이나 되어도 부모랑 사는 사람도 많아요. 얼마 전에 무슨 인터뷰 기사를 봤는데 그 사람은 서른하나인데도 엄마 집에서 산다고 자랑하던데요, 뭘." 그것도 모자라 당당한 표정으로 이런 말까지 덧붙였다. "전에 동료가 부모님 집에 산다고 절 놀리기에, 전 부모님과 친구처럼 사이가 너무너무 좋아서 그런 거라고 자랑했는데. 이제 보니 그게 아니었네요. 날 못 쫓아내서 이렇게 안달복달을 하시니."

부모랑 사는 게 불편하지 않으냐고, 여자 친구를 집에 데려오지도 못하는데 괜찮으냐고 물었더니 요나스는 그런 질문을 도저히 이해하지 못하겠다는 반응을 보였다. 여기가 '자기' 집인데 왜 여자 친구를 못 데려오느냐, 어찌 되었건 그건 그의 개인적인 문제이니 부모가 상관할 일이 아니다, 그리고 현재는 여자한테 관심이 없다, 결혼은 '나중 일'이다. 이건 다 부모가 그를 들들 볶아서 내쫓기 위해 '억지로 짜낸' 핑곗거리에 불과하다 등등의 말을 내뱉었다.

부모가 온갖 말로 아무리 구슬리고 야단을 쳐도 요나스는 요지부동이었다. 자기는 부모에게 실망했고 부모의 주장은 하필이면 미래를 위해 한 걸음 더 떼놓으려는 이 중요한 시기에 자신을 '궁지로' 내모는 '비열한 짓'이라고 우겼다. 그러면서 부모가 꼭 그렇게 자기를 내쫓겠다면 독립을 하기는 하겠지만 자신을 내쫓은 부모를 절대 용서하지 않겠다는 협박도 서슴지 않았다.

요나스의 생활방식과 논리는 전형적인 캥거루족에 해당한다. 캥거루족은 부모와 같이 사는 생활을 너무나 당연하게 여기고, 요나스가 그렇듯 부모와 무척 사이가 좋으니 굳이 독립해야 할 이유가 없다고 우긴다. 연구 기관 셸Shell이 2010년에 발표한 연구 결과를 보아도 부모와 함께 사는 청년의 90퍼센트가 동거의 이유로 세대 간의 좋은 관계를 내세웠다. 집세가 너무 비싸서 독립하게 되면 주거 비용이 너무 많이 든다는 것도 또 한 가지 이유였다.

하지만 두 번째 이유는 요나스에게는 해당하지 않는다. 그는 이미 학교를 졸업하고 직장에 다니고 있다. 더구나 연봉도 매우 높아서 마음만 먹으면 언제든지 독립할 수 있다. 하지만 어머니가 가사를 도맡기에 자기는 손끝 하나 까딱하지 않아도 되며 생활비도 전혀 부담하지 않는 부모의 집이 훨씬 더 편하므로 일부러 독립을 하지 않는 것이다. 셸 연구 결과에선 이런 현상을 '성인 나이의 아동화'라고 칭한다. 즉 청년들이 예전보다 훨씬 오랫동안 아동과 같은 상태에 머문다는 것이다.

세대 간의 경계가 많이 무너진 것도 또 다른 요인이다. 온 사회가 젊음을 이상으로 추앙하다 보니, 부모들도 자녀들과 별반 다르지 않은 옷을 입고 다르지 않게 행동하며 유사한 것에 관심을 쏟는다. 그로 인해 부모와 자녀의 경계가 흐

려지고 부모는 성인 자녀들의 '동료'가 된다. 이런 현실은 부모 세대로부터의 독립을 더욱 힘들게 만든다. 스위스 심리학자 에바 첼트너Eva Zeltner는 《세대 혼합Generationen‐Mix》에서 이런 현실을 비판적 시선으로 조명한 바 있다.[12] 또한, 독일 언론 〈차이트 온라인Zeit Online〉에 실린 한 기사는 현대 청년들의 상황을 다음과 같은 한 문장으로 간단명료하게 정의했다. "부모와의 갈등은 너무 적고, 경제적 상황은 너무 어렵고, 부모의 집은 너무나 안락하다."[13] 앞서 요나스의 사례에서 소개했던 바로 그 상황이다.

당신이 만약 그런 자녀를 둔 부모거나 주변에서 그런 경우를 보았다면, 부모 집에 얹혀사는 저 청년은 불편하고 답답하지 않을까 궁금했을 것이다. 요나스의 부모도 아들에게 이 점을 지적했다. 여자 친구라도 생기면 집에 데려오고 싶을 텐데 부모랑 같이 사는 것이 불편하지 않으냐고 말이다. 요나스와 같은 처지의 청년들은 그런 질문에 요나스와 똑같은 대답을 한다. 여기는 '자기' 집인데 왜 못 데려오느냐, 그건 개인적인 문제이므로 부모가 상관할 바가 아니라고 말이다.

위 내용을 읽으면서 아마도 당신은 두 가지 모순되는 감정을 느꼈을 것이다. 한편으로는 요즘 부모와 자녀도 예전처럼 사이좋게 같이 산다니 마음이 흐뭇하다. 하지만 요나스 어머니의 친구도 말했듯 아들이 부모 등골을 빼먹는 것은 아닌지, 부모가 너무 오냐오냐해서 아들의 성장을 막는 것은 아닌지 걱정스러운 마음도 들었을 것이다.

예전보다 부모와 자녀의 동거 기간이 길어지는 것이(흥미롭게도 여성보다 남성이 부모와 더 오래 같이 사는 경우가 많다) 전 세계적인 현상이라고는 하지만, 과연 이런 현상이 바람직한지는 반드시 곱씹어보아야 한다. 요나스 어머니의 친구도 말했듯 어머니들만 고생하는 게 아닐까? 셰어하우스와 달리, 부모와 자녀의 동거는 동등한 권리의 동거인들이 함께 살면서 주거비와 생활비를 분담하는 생활방식이 아니다. 권리와 의무의 배분이 매우 불평등하다. 이익을 보는 쪽은 당연히 자녀고 가사 노동의 부담은 전적으로 어머니가 짊어진다.

당신이 그런 자녀의 어머니라면 한번쯤 상황을 비판적으로 바라볼 수 있어야 한다. 물론 자녀와 같이 사는 것이 너무 좋고 따분한 일상에 활력이 생긴다고 느낄 수도 있다. 하지만 과연 이런 생활이 당신과 자녀에게 유익한지 정직하게 스스로에게 물어보자. 당신은 엄청난 돈과 시간과 에너지를 투자하는데 돌아오는 것은 하나도 없고, 자녀는 손가락 하나 까닥하지 않고 당신을 부려먹기만 한다는 사실을 깨닫고 나면 아마 무척 쓸쓸할 것이다.

특히 당신이 이혼이나 사별을 해서 반려자가 없다면 자녀를 곁에 두고 싶은 마음이 클 것이다. 이런 경우엔 부모가 주기만 하는 입장이 아니며 자녀한테서 받는 것도 적지 않다. 자녀와 같이 살면 적어도 혼자는 아니니까 말이다. 하지만 자녀를 붙들어 두는 건 궁극적인 해결책이 될 수 없다. 자녀가 없다면 당신은 밖으로 나가 친구를 사귀고 이런저런 사회 활동을 할 것이다. 어쩌면 연인을 만들 수도 있다. 따라서 장성한 자녀와의 동거는 설사 그것이 다른 인간관계를 대신해 줄 수 있다 해도, 영양가 없는 빈약한 식사 대용 식품 이상이 되지 못한다.

앞에서도 말했듯 캥거루족으로 사는 것은 자녀의 성장에도 걸림돌이 될 수 있다. 겉보기에는 자녀가 당신의 지극한 보살핌을 받으며 편안하기 그지없는 생활을 할지 모른다. 하지만 과연 그런 생활이 스스로 인생을 꾸려나가는 것보다 자녀의 성장에 도움이 될지는 의문스럽다. 부모로서는 자녀의 독립이 섭섭할 수 있겠지만 장성한 후에는 독립을 권유하는 것이 두 사람 모두에게 득이다. 그래야 두 사람 모두 독립적인 삶과 새로운 인간관계를 마음껏 만들어갈 수 있다. 자녀가 독립하면 사이가 멀어질 것이라는 걱정은 괜한 것이다. 오히려 공간적으로 자녀와 분리가 되고 나니 예전보다 더 사이가 좋아졌다고 말하는 부모들이 훨씬 많다.

부모와 같이 사는 자녀에게도 같은 말을 해주고 싶다. 물론 부모랑 같이 살면 편하므로 지금 당장 앞에서 언급한 단점들을 깨닫기가 쉽지는 않을 것이다. 하지만 솔직하게 마음의 소리에 귀를 기울여본다면 필요 이상으로 오래 부모와 같이 사는 것이 장기적으로 볼 때 결코 바람직한 해결책이 아니라는 사실을 깨달을 수 있을 것이다.

앞에서도 말했듯 경제적인 문제 탓에 독립할 수 없는 경우도 있을 것이다. 대도시는 집세가 워낙 비싸기에, 쥐꼬리만 한 월급으로 집세를 내고 나면 사실상 손가락만 빨고 살아야 한다. 이런 경우까지 모조리 싸잡아 캥거루족이라 부를 수는 없을 것이다. 부모에게 얹혀살기는 하지만, 엄마 주머니에 들어앉아 젖만 빠는 아기 캥거루와 달리 가사도 거들 수 있고 또 조금이나마 여력이 되는 대로 생활비를 부담할 수도 있을 테니 말이다. 부모와의 동거와 관련된 결정은, 이 주거 형태가 내 자립과 성장을 방해하지 않을지 충분히 고민한 후에 내리는 것이 좋다. 설사 동거를 결정하더라도, 성인답게 권리와 의무를 부모와 나누며 자립심을 키우는 형태를 만들어가야 한다. 이런 고민과 노력 없이 눈앞의 편안함만 생각한다면 중요한 성장의 기회를 놓치고 말 것이다. 그러므로 자녀가 얼마나 부모에게 의존할지는 당사자의 손에 달렸다. 부모와 같이 산다고 해서 반드시 부모에게 전적으로 의존하게 되는 것도 아니고 자립심을 키울 수 없는 것도 아니다. 동거가 건설적인 방식의 주거형태가 될지, 아니면 부정적인 결과를 초래할지는 부모와 자녀 양쪽의 노력에 달렸다.

이유가 어떠하건 성인 자녀와 부모의 동거가 불가피하다면 양쪽이 마주 앉아 허심탄회하게 장단점을 따져보아야 한다. 양쪽 모두 장점이 우세하다고 생각한다면 경제 면에서도 가사 면에서도 양쪽의 권리와 의무를 조절하여 최대한 공평한 결과를 내도록 노력해야 한다. 그래야 자녀가 독립심을 키우지 못하는 동거가 아닌, 부모, 특히 어머니가 혹사당하지 않는, 동등한 권리를 가진 성인들의 동거를 이어갈 수 있을 것이다.

요점 정리

○ 부모와 동거하는 청년이 생활비 한 푼 내지 않고 가사도 전혀
하지 않는 경우 그 청년을 캥거루족이라 부른다.

○ 요즘엔 부모와 동거하는 청년들이 적지 않고, 이런 추세는 전
세계적인 현상이다.

○ 부모와 자녀의 동거가 늘어난 이유로는 비싼 집세, 청년 취업
난 등 경제적 이유와 줄어든 세대 격차를 꼽을 수 있다.

○ 자녀가 가족으로서 부모와 같은 권리와 의무를 다하는 경우엔,
적어도 일시적으로는 동거에 반대할 이유가 없다. 하지만 자녀
가 어린아이처럼 의존하면서 부모를, 특히 어머니를 혹사한다
면 문제가 된다.

○ 동거는 부모와 자녀가 함께 장단점을 합리적으로 따져 신중하
게 결정해야 한다.

당신이 할 수 있는 일

부모와 함께 사는 청년이라면

☺ 성년이 되었는데도 부모의 집에 얹혀살 이유가 있는지 정직하게, 자아 비판적으로 한번 잘 따져보자.

☺ 경제적인 이유나 다른 이유에서 부모와 동거할 수밖에 없다면 사정이 허락하는 한도 내에서 최대한 경제적으로 생계에 이바지하자. 무엇보다 가사를 적극적으로 떠맡아 어머니를 혹사하지 말아야 한다.

☺ 동거가 독립심을 키우는 데 방해되지 않는지, 지금 누리는 편안함의 대가가 너무 크지는 않을지 곰곰이 생각해보자.

☺ 집을 구할 능력이 안 된다면 친구와 같이 살거나, 셰어하우스처럼 비용을 줄일 수 있는 주거 형태가 있는지 알아보자.

☺ 자립의 욕망이 생긴다면 그 마음에 귀를 기울이고 부모의 집이 제공하는 안락함을 과감하게 포기하겠다는 각오를 다지자.

성인 자녀와 같이 사는 부모라면

☺ 자녀가 성인이 되었다 해도 부모는 항상 자녀의 자립심을 키워주려 노력해야 한다. 동거를 결정할 때도 그 기준을 잊지 말고

자녀와 허심탄회한 대화를 나누어보자.

☺ 꼭 그래야 하는 이유가 없는데도 허전한 마음에 자녀를 집에
붙들어 두고 싶을 수 있다. 하지만 그런 마음을 억누르고 그것
이 자녀에게 진정으로 득이 될지를 먼저 따져야 한다.

☺ 자녀와 같이 살 수밖에 없는 상황이라면, 자녀에게도 성인 가족
으로서 부모와 같은 권리를 주고 같은 의무를 요구해야 한다.

9장

상대에게 집착하는 사람과
책임감에 시달리는 사람

이 장에서 우리는 긴밀해도 너무 긴밀한 두 사람의 관계를 알아볼 것이다. 한쪽은 상대가 없는 삶을 상상할 수 없을 정도로 상대에게 의존한다. 상대 역시 무슨 일이 있어도 그를 '구원'하고야 말겠다는 의지를 불태우며 똑같이 그에게 매달린다. 이것이 이번 사례의 특별한 점이다. 이런 관계 형태를 두고 **공동 의존**이라고 한다. 공동 의존은 중독 환자의 가족에게서 자주 발견되며, 그 형태가 다양하다. 상대의 책임을 무조건 다 떠안거나, 중독에 빠진 친구나 직장 동료를 봐주고 참아주기도 하지만 반대로 환자를 심하게 통제하고 비난하기도 한다. 어떤 모습이건, 그 바탕에는 의존적인 상대를 중독에서 탈출시켜 혼자 살아갈 수 있게 만들겠다는 생각이 깔려 있다. 문제는 그런 노력이 전혀 환자에게 도움이 안 된다는 데 있다. 결국 완전히 지친 상대는 그 모든 노력이 아무 소용이 없다는 사실에 실망하고 더 나아가 자신이 부족했다는 생각에 죄책감을 느낀다.

중독 환자와 그 가족의 공동 의존 행동과 비슷한 모습은 의존관계에 빠진 반려자들에게서도 관찰할 수 있다. 환자와 정서적으로 너무나 긴밀하게 얽히고설키다 보니 아무리 노력해도 갈등이 해결되기는커녕 더 깊어지기만 하고, 이들의 상황은 악화 일로를 달린다. 아래의 사례에서 의존성 성격 장애 환자와 공동 의존하는 사람의 상황을 소개한다.

에스테르 라우버는 외동딸이다. 그의 부모는 엄격한 사람들이었는데, 특히 어머니는 학교 성적과 예의범절을 매우 중요하게 생각했다. 그래서 딸이 학교에서도 공부를 잘했고 훗날 자라 은행에 들어가서도 늘 인정을 받았던 것을 무척 자랑스러워했다. 에스테르는 친구와 이야기를 나누다가, 어머니가 자신을 품에 안고 쓰다듬어준 기억이 전혀 없다고 울먹이며 고백한 적도 있었다.

에스테르는 32세에 남편을 만났다. 하지만 그에게 금방 마음을 열지는 못했다. 처음 남편에게 칭찬을 들었을 때 에스테르는 너무나 당황했고, 그가 사랑을 고백하며 사귀자고 했을 때는 '연기하는 거다'라고 생각했다. 그의 그런 행동들이 너무도 낯설었지만, 한편으로 에스테르는 어린 시절 부모님께 받지 못했던 모든 것을 남편이 줄 것이라는 기대감에 마음이 두근거렸다. 실제로 남편은 자상하고 가정적인 남자였고 아내를 많이 사랑했으므로 칭찬과 애정을 갈구하던 아내의 마음을 그득히 채워주었다.

그랬기에 12년 후 남편이 갑작스럽게 교통사고로 세상을 떠났을 때 에스테르는 엄청난 충격에 휩싸였다. 그 후 에스테르는 오랫동안 혼자 살았다. 혼자 사는 것이 외롭고 힘들었지만, 다시 누군가를 만날 수 있다는 희망은 접은 지 오래였다. 나이가 아무리 들어도 마음만 열면 반려자를 찾을 수 있다며 친구가 계속해서 용기를 북돋웠지만, 그녀는 "내 나이에 무슨 남자야"라며 고개를 저었다.

그런데 몇 달 전에 에스테르가 근무하는 은행으로 다른 지사에서 일하던 안드레아스 콜러가 전근을 왔다. 안드레아스는 은

퇴한 선배 직원의 업무를 맡게 되었는데, 에스테르와 긴밀하게 협조해야 하는 일들이었다. 아무래도 같이 일하는 시간이 많다 보니 두 사람은 점심 식사도 은행 근처 식당에서 같이 할 때가 많았다. 또 나이도 동갑인데다 두 사람 다 몇 년 안에 은퇴할 예정이었으므로 편안하게 개인적인 이야기도 많이 나누었다. 그렇게 둘은 서로를 알아갔고, 휴일에도 만나 시간을 함께 보내는 사이로 발전했다.

그제야 에스테르는 남편이 세상을 떠난 후 자신이 얼마나 외로웠는지 절실하게 깨달았다. 안드레아스와 같이 보내는 시간이 즐거웠고 그의 자상한 배려가 흡족했으며, 둘의 관계가 깊어져 잠자리까지 하게 되었을 때는 정말로 행복했다. 그녀는 친구에게 이렇게 고백했다. "나 너무 좋아. 내 나이에 이럴 수 있을 줄 꿈에도 생각 못 했어. 예전에 남편하고 할 때보다 더 좋은 거 같아."

감격에 겨웠던 에스테르는 어느 날 밤 안드레아스에게 이참에 아예 동거하는 것이 어떻겠냐고 물었다. "생활비도 줄일 수 있을 테고 무엇보다 밤낮으로 같이 있을 수 있잖아. 너무 좋을 것 같아. 안 그래?" 하지만 안드레아스의 반응은 예상과 달리

뜨뜻미지근했다. '괜찮은 생각'이지만 '지금 이대로 지내면서 각자의 생활을 유지하는 게 더 좋겠다'라고 말이다. 에스테르는 귀를 의심했다. 안드레아스도 자신과 같이 살고 싶어 안달이 났을 것이라고 예상했기 때문이었다. 그녀는 울음을 터트리며 이제는 안드레아스가 없는 삶은 상상도 못 하겠다고 고백했다. 자신은 그와 꼭 결혼하고 싶다고 말이다.

이 말을 들은 안드레아스는 말로 다할 수 없이 심란했다. 그는 에스테르가 숨이 막힐 정도로 자신에게 집착한다고 느꼈다. 하지만 또 한편으로는 자신의 행동이 에스테르에게 헛된 희망을 일깨웠다는 생각에 마음이 무거웠다. 에스테르의 희망을 채워줄 능력도 의지도 없으면서 생각 없이 그의 마음을 뒤흔들어 놓았으니 말이다. 안드레아스는 에스테르와의 관계를 가벼운 연애 정도로 여겼고, 서로에게 별 의무감 없이 함께 즐기는 것이 좋다고 생각했다. 그는 에스테르에게 더 이상의 상처를 주지 않기 위해, 그런 큰 결정은 심사숙고가 필요하다는 말로 에스테르를 달랬다. 살던 집을 내놓고 둘이 살 새집을 구해야 할 테니 얼마나 복잡하겠느냐고 말이다. 그에 더해 자신은 한 번도 결혼을 생각해본 적이 없다는 말도 보탰다. "에스테르, 시간이 필요해. 급하게 서두르지 말고 차분히 의논해서 결정하는 게 좋겠어." 그는 이런 말로 여자 친구를 달랬다. 하지만 그 말을 하면서도 그는 참기 힘든 갑갑한 의존관계에 발을 들여놓았다는 깨달음에 머리가 아팠다.

에스테르도 안드레아스가 시간을 벌기 위해 한 말에 일단은 동의했다. 하지만 곧바로 심각한 우울증에 빠져들었고 그가 없는 삶은 이제 아무 의미도 없다는 말을 되풀이했다. 에스테르는 안드레아스를 마구 비난했다. 남편이 죽고 혼자서 그 외로운 시간을 버텼는데 겨우 용기를 내어 그에게 마음을 열었더니, 그가 자신을 '비열하게 속였고' 그럴 마음도 없으면서 감정이 있는 척 자신을 '가지고 놀았으며' 이제 와서 '귀찮은 짐짝 취급하며 갖다버릴' 생각만 한다고 말이다. 그런 비난과 그가 없이는 못 살겠다는 애원이 안드레아스에게 아무 효과가 없을 수는 없었다. 이성적으로 따져보면 그는 잘못한 것이 없었지만 그는 괜스레 죄책감이 들었고 여자 친구가 다시 우울증을 털어내고 예전처럼 자립적으로 살 수 있게 도와주어야겠다는 의무감을 느꼈다. 그는 관계를 유지하려는 에스테르의 바람을 들어주고 가능하면 둘이서 휴일도 함께 보내고 하면 에스테르가 회복되리라 기대했다. 실제로 에스테르의 상태는 조금 호전되었다. 안드레아스가 자신에게 조금 더 관심을 보이자, 에스테르는 이제는 그가 자신과의 관계를 '진지하게' 생각하기 시작했고 앞으로 자신과 미래를 함께할 것이라고 믿었다.

하지만 얼마 못 가 안드레아스는 이렇게 해서는 도저히 문제가 해결되지 않을 것이라고 판단했다. 그가 조금만 거리를 두는 것 같으면 에스테르는 곧바로 우울증이 심해졌고 심지어 자살하겠다는 말도 서슴지 않았다. 자살하겠다는 에스테르의 말은 빈말이나 협박이 아니었다. 에스테르는 그 정도로 안드레아스의 사랑과 존재에 매달렸기 때문에 남자 친구와 조금만 거리가 생겨도 하늘이 무너지는 것처럼 절망했다. 안드레아스는 어쩔 줄 몰라 허둥거렸고 죄책감에 밤잠을 설치며 해결 방안을 찾으려고 머리를 쥐어뜯었다. 그는 두 손 두 발이 꽁꽁 묶인 것 같은 답답한 심정과, 자신이 어떻게 해도 문제는 해결되지 않을 것이라는 절망감에 빠져들었다.

그런데 어느 날, 그는 예전에 어머니와도 같은 문제를 겪었다는 것을 번뜩 깨달았다. 그의 어머니가 그를 임신하자 아버지는 어머니를 버렸고 양육비도 한 푼 주지 않았다. 어머니는 실망을 넘어 심각한 트라우마에 시달렸다. 어머니는 어릴 적 부모에게서 한 번도 칭찬과 사랑을 받아본 적이 없었기 때문에, 안드레아스의 아버지와 사귀면서 드디어 그렇게 애타게 바라던 사랑을 받아볼 수 있으리라는 기대로 마음이 부풀었다. 그런데 바로 그 남자가 자신을 짐짝처럼 버렸다. 어머니는 절망에 빠져 아들에게 매달렸고 자신의 불행이 아들의 책임이라는 말을 끝없이 아들에게 주입했다. 그래서 그는 자라는 내내 어머니를 행복하게 해주어야 한다는 의무감에 얽매여 살았다. 그가 독립하자 어머니는 술을 마셔대기 시작했고 그는 심한 죄책감에 시달렸다. 결국, 어머니는 몇 년 후 알코올 중독으로 인한 간경변증으로 세상을 떠났다. 그 사실은 트라우마가 되어 지금까지도 그를 괴롭혔다.

에스테르와 대화를 나누면서 그는 지금 그와 여자 친구의 관계 구도가, 예전 어머니와 자신의 관계와 다르지 않다는 사실을 깨달았다. 에스테르와의 관계에서도 안드레아스는 여자 친구를 보호해야 하며 상대가 불행에 빠지지 않도록 수단과 방법을 가리지 않고 노력해야 한다는 의무감을 느꼈다. 그는 자신이 에스테르가 그 정도로 그를 사랑하게끔 내버려두었다는 잘

못을 저질렀다고 생각했다. 또 에스테르가 그를 괴롭혀 인내심이 한계에 도달할 때면, 불쑥불쑥 여자 친구를 향한 증오심이 솟구쳤기에 자책도 심했다.

그래도 안드레아스는 에스테르와 계속해서 대화를 나누면서 문제 해결 방법을 찾으려 노력했다. 하지만 결국 그들은 한 걸음도 앞으로 나아가지 못했다. 안드레아스가 결혼은 생각도 해본 적 없고 독신으로서의 자유를 절대 포기하고 싶지 않다는 솔직한 마음을 슬쩍 비추기라도 하면 에스테르는 흥분해서 통곡했고 왜 자기를 처음부터 속였냐며 비난을 퍼부었다. 그럼 안드레아스는 혹시 저러다가 저 여자가 무슨 나쁜 짓이라도 저지르면 어떻게 하나 걱정이 되어서 얼른 태도를 누그러뜨리고 "한번 더 차분히 고민해보자"라는 말로 여자 친구를 달랬다.

그 상황이 너무도 힘이 들어 안드레아스는 에스테르도 잘 아는 예전 직장 동료에게 고민을 털어놓았다. 동료는 즉각 전문가의 도움을 받아보라고 권했다. 자신도 몇 년 전에 아내와 갈등이 심해서 심리치료를 받은 적이 있다며 그 사람을 소개해주었다. 동료에게서 심리치료사의 연락처를 받고도 안드레아스는 한동안 에스테르와의 문제를 혼자서 해결해보려고 끙끙댔다. 하지만 결국 그는 이 문제가 자기 능력 밖이라는 사실을 인정하고 손을 들고 말았다.

심리치료사를 찾아가 그와 에스테르의 문제를 설명하자 치료사는 에스테르의 입장도 들어봐야 하니까 두 사람이 같이 상담을 하는 것이 좋겠다고 권했다. 하지만 그 말을 들은 에스테르는 길길이 날뛰었다. 자기는 '환자'가 아니므로 치료가 필요 없다고 말이다. "내가 필요한 건 내 편이 되어줄 남자야. 우리 관계를 진지하게 생각하고 나와 여생을 보낼 수 있는 남자가 필요하다고!"

안드레아스를 상담한 심리치료사는 안드레아스가 실제로 에스테르와의 관계에서 어릴 적 어머니와의 관계에서 경험했던 일들을 반복하고 있다고 말했다. 안드레아스 역시 관계의 시작이 사랑은 아니었다는 사실을 깨닫게 되었다. 자신의 마음을 가만히 들여다보니, 사실 그는 이 불쌍한 여자를 '도와서' 다시 외롭지 않은 밝은 삶을 살게 해주어야겠다는 의무감으로 에스테르와의 관계를 시작한 것이었다. 이는 그가 어머니를 보며 느꼈던 감정과 똑같은 마음이었다. 그는 과거와 똑같은 경험을 하고 있었다. 능력도 안 되면서 자신에게 매달리는 여자를 내치지는 못하고, 혹시라도 그녀가 어머니처럼 죽을지 모른다는 불안에 시달리고 있었다.

상담을 마친 심리치료사는 이런 결론을 내렸다. 이제부터 안드레아스는 공동 의존을 멈추고, 과거 어머니에게 그랬듯 에스테르를 도와주고 싶은 충동이 일더라도 참고 견뎌야 한다. 심리치료는 세 부분에서 진행될 것이다. 첫째, 안드레아스 스스로가 에스테르에게 기대는 의존적인 마음을 버려야 한다. 둘째, 여자 친구와의 관계에서 자신도 마음의 상처를 입었다는 사실을 자각해야 한다. 셋째, 과거의 경험 탓에 생긴 공동 의존을 이해하고 치료해야 한다.

물론 말처럼 쉬운 일은 아니었다. 에스테르의 문제는 안드레아스가 어떻게 해줄 수 없는 일이라는 것, 에스테르가 스스로 심리치료를 받아서 자신의 아픔과 과거를 대면해야만 해결될 일이라는 것을 계속 알려주어야 했다. 하지만 에스테르가 그런 제안을 순순히 받아들일 리 만무했다. 에스테르는 안드레아스가 상황을 완전히 오해했다며 마음 아파했고 절망과 협박이 뒤섞인 외침만 똑같이 되풀이했다. "난 당신 없이 못 살아!"

이런 상황에서 남은 방법은 이별밖에 없었다. 그렇지 않고서는 끝없이 다투며 서로에게 계속해서 상처만 줄 것이기 때문이다. 그것은 에스테르에게도, 안드레아스에게도 끔찍하기 그지없는 상황일 것이다.

에스테르와 안드레아스의 사례는, 처음에는 모든 일이 '너무도 평범하게' 시작하기에 훗날 얼마나 심각한 갈등이 불거질지를 짐작조차 할 수 없다. 안드레아스가 느끼는 죄책감은 전적으로 부당하다. 그는 가벼운 연애 정도로 생각하며 관계를 시작했고 실제로 두 사람은 휴일을 함께 보내며 즐겁게 지냈다. 설사 관계가 조금 더 깊어져 잠자리까지 했다 해도 전혀 문제 될 것이 없었다.

이 둘은 과거가 각자의 마음 저 깊은 곳에 심어 놓은 의존성의 씨앗을 눈치채지 못했다. 관계가 깊어지면 그 씨앗이 싹을 틔워 그들의 삶에 어두운 그늘을 드리울 것이라는 사실을 알 길이 없었다. 에스테르가 안드레아스에게 "당신 없이는 못 살아"라고 고백하고, 안드레아스가 "무슨 일이 있어도 그 사람을 구해주고 싶다"라는 갈망을 깨달은 순간에는 때가 늦었다. 두 사람은 의존자와 공동 의존자가, 관계의 역학을 전혀 모른 채 상호작용하는 구도에 이미 빠져들었기 때문이다.

이 장의 첫머리에서도 설명했듯, '공동 의존'은 중독 환자의 보호자에게서 많이 발견된다. 그러나 에스테르와 안드레아스의 사례는 반려자나 연인 관계에서도 그런 공동 의존이 가능하다는 사실을 입증한다. 더구나 에스테르가 안드레아스에게 집착하는 방식은 중독 환자의 행동과 매우 유사하다. 에스테르가 느끼는 절망, 불안, 분노는 물론이고 자살 협박에 이르기까지, 그의 심정과 행동은 중독 환자가 중독 물질을 얻지 못할 때 경험하는 금단증상과 매우 닮았다.

당신이 안드레아스와 비슷한 처지에 놓인 환자의 가족이나 친구라면, **당신의 진짜 감정**이 무엇인지를 최대한 정확하게 알아내는 것이 매우 중요하다. 당신이 환자에게 느끼는 감정은 사랑일까? 그게 아니라면 연유를 알 수 없는 죄책감 탓에 그를 도와주지 않으면 안 될 것 같은 의무감을 느끼기 때문일까? 독일 심리학자 하인츠 페터 뢰르Heinz - Peter Roehr는 무슨 일이 있어도 '도와' 주려는 이런 강박적 충동을 공동 의존자의 '중독 물질'이라고 표현한다. 또 공동 의존자의 모든 행동은 중독 환자를 도와 그의 책임을 대신 떠안으려는 노력으로 이해해야 한다고 뢰르는 말한다. "중독 환자는 문제 해결을 위해 술이나 다른 중독물질을 이용하지만, 공동 의존자는 문제 해결을 위해 도와주겠다는 각오를 다진다."[14]

공동 의존자의 또 한 가지 특징으로는 관계에 대한 **지속적 고민**을 들 수 있다. 다른 사람이 보기에는 도무지 이해가 안 될 정도로 고민의 정도가 과하다. 혹 당신도 상대에 대한 걱정과 근심이 도를 넘어 밤잠을 설치고 종일 그 생각뿐이라면 주의를 기울여야 할 것이다. 그것이 공동 의존의 증상일 수 있으니 말이다.

혹시라도 당신이 상대에게 헛된 희망을 불러일으킨 것은 아닌지 자기 비판적으로 고민하는 과정도 필요하다. 안드레아스가 그랬듯 그냥 잠깐 '즐기려고' 만난 것뿐인데 상대가 멋대로 당신의 행동을 깊은 감정의 증거로 해석하고 혼자서만 둘이 함께하는 미래를 꿈꾸었을 수도 있다. 그러므로 상대가 당신에게 거는 **기대가 적절한지** 자문해볼 필요가 있다. 물론 그런 상황에서 무엇이 적절하고 무엇이 적절하지 않은지를 판단하기란 그리 쉬운 일이 아닐 것이다. 인간은 자기 마음에 안 들거나 골치 아픈 일은 상대의 '부적절한' 행동 탓이라고 해석하려는 경향이 있다. 설사 그렇다 하더라도, 그런 관계일수록 서로가 갈등에 얼마나 이바지했는지 정확히 따져보는 것이 매우 중요하다.

가장 좋은 방법은 두 사람이 **터놓고 대화를 나누는 것**이다. 위의 사례에서 안드레아스 역시 대화를 나누고자 무척 노력했다. 물론 성장 환경 탓에 그 역시 의존성이 심하므로 매우 조심스럽기는 했지만, 어쨌든 에스테르와 허심탄회하게 대화를 나누고자 여러 번 애를 썼다. 에스테르가 안드레아스의 말에 실망은 했어도 너무 감정적으로 반응하지 않았더라면 아마 두 사람은 문제를 해결할 수도 있었을 것이다. 자신이 바라던 관계가 아니었기에 이별을 택하거나, 안드레아스의 생각대로 미래를 기약하지 않는 '느슨한' 관계를 이어갔을 것이다. 그러나 망설이고 주저하는 안드레아스의 태도에 에스테르가 격한 반응을 보였다는 사실은 에스테르도 의존성이 상당하다는 사실을 잘 보여준다.

에스테르와 비슷한 의존자 역시 이런 성찰 과정은 필요하다. 이 경우에도 상대에게 느끼는 본인의 감정이 무엇인지

되짚어볼 필요가 있다. 같은 눈높이에서 만나 서로의 품격을 존중하는 사랑인가? 아니면 고독과 열등감, 불안을 해소하고 공허한 마음을 채워줄 중독 물질의 대용품인가? 이런 의존자의 성찰 과정 역시 공동 의존자의 성찰과 마찬가지로 간단하지는 않다. 의존관계는 보통 그 이유가 암흑에 묻혀 있으므로, 당사자는 전혀 알지 못하거나 안다 해도 약간 눈치를 채는 수준에 불과하다. 그래도 자기 비판적 성찰은 절대 피할 수 없는 과정이다.

상대와 나누는 허심탄회한 대화의 필요성 역시 빼놓을 수 없다. 대화를 통해 두 사람이 관계의 역학을 더 많이 파악할 수 있을 테니 말이다. 어쩌면 그 결과로 **커플 상담**의 필요성을 깨달을 수도 있을 것이고, 상담을 받으면서 관계 구도를 제대로 파악할 수도 있을 것이다. 둘의 힘으로는 역부족이어서 갈등이 악화하기만 한다면, 혼자서라도 **전문가를 찾아 상담을 받아야** 한다.

위의 사례에서도 그랬듯 공동 의존자는 상담을 통해 상대를 도와주려는 자신의 강박적 욕망이 정작 상대에게는 아무런 도움이 되지 않으며, 자신의 불안과 두려움을 해소하고

픈 것이라는 사실을 알아차릴 수 있다. 의존성에서 빠져나올 첫걸음은 자신의 공동 의존을 깨닫는 것이다. 그래야 상대를 **놓아줄** 수가 있다. '놓아준다'라는 말을 '관계를 단절한다'라거나 '가차 없이 밀쳐낸다'라는 뜻으로 오해해서는 안 된다. 놓아준다는 것은 의존성의 역학에서 해방되어 상대를 옭아매는 공생의 족쇄를 끊어낸다는 뜻이다. 상대에게서 멀어지는 것은 이기적인 목적 때문이 아니며, 상대에게 상처를 주거나 복수를 하려는 것도 아니다. 상대를 붙들고 있어봤자 서로의 의존성만 심해질 것이고 두 사람 모두에게 해가 될 것이기에 거리를 두는 것이다. 그리고 상대와 거리를 둘 수 있어야 비로소 자신과 자신의 과거, 그 과거가 낳은 결과를 심도 있게 파헤칠 수 있다.

안드레아스는 공동 의존자가 흔히 보유한 전형적인 과거를 가지고 있다. 성장 과정 내내 그는 어머니를 버리고 떠난 아버지를 대신하여 어머니의 행복을 책임졌다. 그런 역할을 떠맡은 사람들은 어릴 적부터 이미 자신이 상대의 기대를 결코 채워줄 수 없다는 사실을 감지한다. 그러다가 안드레아스의 어머니가 알코올 중독에 빠졌던 것처럼, 상황이 극적으로 악화하면 공동 의존자의 죄책감은 끝없이 커진다. 그 결과 그는 상대에게 지나친 책임감을 느끼고 상대를 돕고자 자기 능력을 넘어서는 과도한 노력을 기울인다. 그런 사람이 공생 관계를 바라는 반려자를 만난다면 실로 위태로운 관계가 형성되고, 결국 두 사람 모두 피해를 본다.

안드레아스의 인생에선 **트라우마**도 반복해서 목격된다. 아버지를 대신하여 어머니의 안위를 돌봐야 했던 어린 시절은 그에게 과도한 부담을 안겼다. 여기에 알코올 중독에 빠져 일찍 세상을 등진 어머니의 마지막이 또 한 번의 무거운 트라우마로 자리 잡아, 그의 인성 발달에 지속해서 영향을 미쳤다. 따라서 공동 의존 현상을 다루는 심리상담에서는 이런 트라우마를 파악하고 해소하는 과정이 매우 중요하다.

트라우마의 원인인 부모에게 비난을 퍼붓고 공동 의존의 '책임'을 지우자는 것이 아니다. 그래봤자 공동 의존자의 상황이 나아지는 것도 아니고, 그런 일은 부모에게도 부당한 짓이다. 트라우마의 감옥에서 빠져나올 첫 번째 길은 부모에 대한 비난이 아니라 트라우마의 원인이 부모라는 현실적인 인식이다. 동시에 공동 의존이 생겨난 배경을 이해하고,

어린 시절에 느꼈지만 억눌렸던 분노와 실망의 감정을 적극 표출할 수 있도록 노력해야 한다. 안드레아스의 경우 공동 의존의 배경은, 어머니를 버린 아버지와 아들에게서 행복을 찾으려던 어머니였다. 따라서 그런 상황에 대한 그의 분노와 실망을 인정하는 과정이 꼭 필요하다. 두 번째 길은 트라우 마가 상대의 악의 탓에 생긴 것이 아니라는 사실을 깨닫는 것이다. 환자에게 트라우마를 안긴 부모 역시 여러 가지 심 리적·사회적 문제에 시달렸다. 안드레아스의 어머니도 혼자 서 아들을 키우고 싶지 않았고 어린 시절 부모에게 사랑과 인정을 받지 못하고 자랐다. 이런 조건을 깨닫는다면 **자신은 물론이고 부모와도 화해**할 수 있을 것이다.

요점 정리

〰〰〰〰〰〰〰〰〰〰〰〰〰〰〰〰〰〰〰〰〰〰〰〰〰〰

○ 의존성 성격 장애 환자와 그 반려자 사이에 공동 의존이 나타
날 수 있다. 공동 의존자는 환자를 돕기를 바란다는 점이 특징
이다. 하지만 사실 이는 자기 자신을 위한 것이다. 공동 의존자
가 환자와의 관계에서 과거 본인의 관계 패턴을 반복하는 경우
가 많다.

○ 두 사람의 감정이 워낙 얽히고설키다 보니 큰 갈등이 불거질
수 있다. 이럴 때는 두 사람 모두 상대가 나쁘고 자신은 피해자
라고 생각한다.

○ 갈등이 격해져서 서로를 협박할 수도 있고, 그러다가 한쪽이
자살이라도 하게 되면 남은 쪽은 엄청난 정서적 부담을 안게
된다.

○ 관계의 문제를 해결할 수 없다면 심리치료를 받아야 한다.

당신이 할 수 있는 일

공동 의존 환자라면

☺ 당신에게 매달리는 자녀나 반려자를 무슨 일이 있어도 '도와야' 한다는 강렬한 충동을 느낀다면 정직하게, 자기 비판적으로 자신의 감정을 점검해보자. 돕고 싶은 그 마음이 진정한 사랑인가, 아니면 죄책감 때문인가?

☺ 자신에게서 공동 의존을 암시하는 아래의 특징이 발견되는지 잘 살펴보자.
　― 관계 문제에 과도하게 골몰한다.
　― 종일 상대를 '도와줄' 궁리만 하고 있다.
　― 어릴 적에 지금과 비슷한 관계 구도를 겪은 적이 있었다.

☺ 양쪽의 문제라면 커플 상담을 권하고 싶다. 상담을 통해 각자가 갈등에 얼마나 이바지했는지 파악하고 갈등 해소를 위해 노력할 수 있을 것이다.

가족이나 친구라면

☺ 가족이나 친구가 관계 문제에 과도하게 골몰한다면 이를 지적해서 문제를 알려주자.

☺ 위에서 언급한 공동 의존의 세 가지 특징을 알려주고, 자신이 그에 해당하는지 점검해보라고 조언하자.

☺ 그의 과거를 잘 알고 그가 예전에도 비슷한 관계를 맺었던 적이 있다고 확신한다면, 그에게 이 관계는 해묵은 트라우마의 반복일 수 있다는 당신의 추측을 전달하자. 반드시 추측이어야 한다. 당신의 생각이 맞는지 아닌지를 결정할 사람은 당사자뿐이다.

☺ 두 사람의 갈등이 심각하다면 그들에게 커플 상담을 통해 관계 문제를 파악하고 해소하도록 권유하자.

10장

성인 사이트에 중독된 사람

현대 사회에서 인터넷이 없는 생활은 상상하기조차 힘들다. 그래서 요즘엔 온라인 데이팅도 사회에서 두루 용인되는 일상적 만남의 형태로 자리 잡았다.[15] 인터넷을 통한 포르노그래피의 소비 역시 널리 퍼진 현상이다. 이런 사이트에 접속하기가 식은 죽 먹기다 보니 성인뿐 아니라 청소년, 심지어 아동까지도 거리낌 없이 포르노를 접한다.

인터넷 중독의 빈도에 관해서는 아직 믿을 만한 국제 연구 결과가 없지만 다양한 추측이 가능하다. 학술 연구원 페테르젠K. U. Petersen과 그 동료들은 독일 보건부의 의뢰를 받아 1996년 이후 출간된 학술자료들을 체계적으로 점검했다.[16] 그 결과, 전 세계적으로 병리적 인터넷 사용의 비율이 전체

인구의 1.6~8.2퍼센트라고 추정했다. 페트라 뷔링Petra Bühring은 〈독일 의학 학술지Deutsches Ärzteblatt〉에서 2011년 독일 전국에서 실시한 14~64세 국민의 인터넷 중독에 관한 연구를 발표했다. 연구에 따르면 독일의 인터넷 중독자가 56만 명, 문제성 인터넷 사용자는 250만 명이었다.[17] 특히 14~24세 연령층의 중독이 심각해서 중독자는 25만 명, 문제성 사용자는 140만 명에 달한다.

언론인 크리스티안 베버Christian Weber는 독일 인구의 약 3분의 1이 11세만 되어도 포르노 사이트를 접한다는 연구 결과를 발표했다.[18] 17세가 되면 남성은 93퍼센트, 여성은 80퍼센트가 포르노를 접한 경험이 있다. 또 2020년에 나온 대규모 역학연구 몇 편에 따르면, 청소년 10~12퍼센트가 미디어 이용에 문제를 겪고 있다고 한다.[19]

앞에서 소개한 다른 상황들과 달리 성인 사이트의 극단적 소비는 두 사람 사이의 의존관계가 아닌, 미디어나 특정 행동에 대한 의존성이다. 따라서 이런 경우는 물질 중독과 대비하여 '행동 중독'이라고도 부른다. 이 책에 이런 종류의 사례를 포함하자고 마음먹은 이유는, 성인 사이트의 극단적 소비가 만연하지만 부끄러워 쉬쉬 숨기는 일이 많기 때문이다. 하지만 그런 행동은 당사자는 물론이고 그를 걱정하는 친구나 가족에게도 큰 문제가 아닐 수 없다.

슈테판 하르트만은 비슷한 연배의 사람들이 그렇듯 컴퓨터와 인터넷, 기타 온갖 현대 기술들과 더불어 자랐다. 청소년 시절에는 틈날 때마다 컴퓨터 게임을 했고, 부모에게 야단도 많이 맞았다. 하지만 학교생활에는 별문제가 없었고, 실업고등학교를 졸업한 후 바로 직업 교육을 받고 은행에 취직했기 때문에 부모도 슈테판의 인터넷 이용을 크게 문제 삼지 않았다.

그는 24세 때 직업 교육 시설에서 만난 동갑 여성과 결혼했다. 하지만 결혼 생활 몇 년 동안 허구한 날 싸웠고 결국 아내가 직장 동료와 바람이 나 이혼하고 말았다. 이혼까지는 원치 않았던 슈테판은 아내에게 큰 배신감을 느꼈고 이혼 후에는 절망감과 우울감에 빠져들었다. 그래도 다행히 몇 달 후 항우울제를 끊을 수 있었다. 예전처럼 다시 의욕이 넘쳤고 울적한 기분도 사라졌기 때문이었다.

새로운 사람을 만나고 싶은 마음은 컸다. 하지만 외롭지 않느냐는 동료의 질문에 그는 '연애가 마음대로 잘 안 된다'라고 고백했다. "당연히 여자를 만나고 싶지. 하지만 내가 벌써 마흔다섯인데 마음 맞는 여자를 찾기가 쉽겠어? 내 나이 또래 여자들은 다 결혼했을 거고. 나야 언제라도 좋지만, 솔직히 잘될까 싶어."

동료는 반드시 맘에 드는 여자를 만날 것이라며 슈테판을 위로했다. 하지만 슈테판은 아예 희망을 접은 듯했다. 여자를 만날 기회가 이제는 없다고 믿고서 아예 노력도 하지 않았다. 동료가 슈테판에게 그럼 데이팅 애플리케이션(앱)에 한번 들어가 보는 것은 어떠냐고 권했을 때도 슈테판은 시큰둥한 표정으로 고개를 저었고, 속으로 말도 안 되는 소리를 한다고 생각했을 뿐이었다.

그런데 이상하게도 동료가 말한 그 데이팅 앱이 자꾸만 기억에서 맴돌았다. 그래서 유난히 외롭던 어느 날 밤, 그는 앱에 가입을 해보자고 마음먹었다. 막상 가입하려고 보니 적어야 할 게 한둘이 아니었다. 성별과 나이는 물론이고 외모와 성격, 취미와 여가 활동에 관해서도 이것저것 묻더니 어떤 타입의 여성을 원하는지도 적으라고 했다. 그는 프로필을 다 적은 후 가입을 완료하고 기대에 차서 앱 구경에 나섰다. 처음에는 신이 나서 여기저기 기웃거렸다. 하지만 얼마 못 가 접속 중인 남성의 숫자가 여성보다 훨씬 더 많다는 사실을 깨달았다. 그는 관심 가는 여성 몇 명에게 메일을 보냈다. 하지만 답장을 준 여성은 많지 않았고 실제로 만남이 성사된 적도 없었다. 유일하게 그에게 먼저 메일을 보낸 여성도 몇 번 메일을 주고받더니 종적이 묘연해져 버렸다. 몇 달 동안 계속 이런 식이었다. 실망한 그는 괜히 가입비만 날렸다는 생각에 탈퇴해버리자고 마음먹었다.

그런데 어느 날 밤 우연히 인터넷 서핑을 하다가 다른 앱의 소개 글을 보았다. 가입비도 없는데다가, "현실이건 가상이건, 원하는 꿈의 반려자를 만날 수 있다"라고 철석같이 약속했다. 여기라고 해서 저번 앱이랑 뭐가 그리 다르겠냐 싶었지만, 그는 혹시나 하는 기대로 들어가보았다. 특이하게도 저번 앱보다 기재하라는 정보가 훨씬 적었다. 대신 훨씬 더 은밀한 내용에 관심을 보였다. 가령 페니스 크기가 S, M, L 중 어디에 해당하느냐, 관계할 때 '적극적'이냐 '소극적'이냐, '주도적'이냐 '순응적'이냐 등의 질문에서부터 '은밀한 상상'의 내용을 적어보라는 요구까지 있었다. 슈테판은 이런 질문들이 야릇하게 느껴졌고 아무도 보는 사람이 없는데도 이런 걸 적는 게 창피해서 자꾸만 뒤를 돌아보았다. 하지만 은밀한 상상을 떠올려 글자로 적다 보니 자기도 모르게 흥분이 되었다. 그는 첫 방문 날부터 시간 가는 줄 몰랐고, 깜짝 놀라 시계를 봤을 때는 새벽 두 시였다.

이튿날부터 그는 밤마다 그 앱에 들어가 채팅방에서 시간을 보냈고 주말에는 아예 붙어살다시피 했다. 이곳에선 저번 앱보다 여자들과 접촉하기가 훨씬 쉬웠다. 대다수가 실제 만남에는 관심이 없었고 그저 그와 '은밀한 상상'을 주고받으려고만 했다. 여자들은 그에게 그들과 '죽여주는 짓거리'를 하는 상상을 들려달라고 했고, 심지어 웹캠으로 벗은 몸을 보여달라거나 각자 자위를 하면서 가상으로 즐기자는 여자들도 적지 않았다.

이런 건 슈테판에게 그야말로 신세계였다. 처음에는 늦은 밤이나 새벽녘까지 이어지는 그런 '활동'을 마치고 나면 마음이 휑했다. 성적으로는 만족했을지 몰라도 실제 사람을 만난 건 아니었다. 하지만 손으로 만질 수 있고 삶을 나눌 수 있는 현실의 인간이 아니라는 아쉬움은 시간이 갈수록 옅어졌다. 온라인 성행위의 매력은 훨씬 더 강렬했다. 계속해서 여자를 바꿀 수 있었고 흥분되는 야한 이야깃거리도 매번 달랐다. 무엇보다 욕구가 일 때면 바로 해소할 수 있었다.

하루는 그와 성적 판타지를 나누던 한 여성이 '여기처럼 깔짝대지 않고 진짜 제대로 하는' 다른 채팅방을 소개해주었다. 그런데 거긴 가입비가 제법 된다고 했다. "그래도 돈이 안 아까울 걸요. 몸이 달아서 앞뒤 안 가리는 인간들이 우글우글하거든. 당장 들어가 봐요." 슈테판은 그날 밤 바로 그 채팅방에 가입했고, 거기에 뜬 영상들을 보고 기절초풍을 했다. 그 여자 말마따나 다들 앞뒤를 안 가렸다. 남자고 여자고 구분 없이 실오라기 하나 안 걸친 몸을 동영상으로 찍어 아무렇지도 않게 공유를 했다. 얼굴까지 그대로 노출한 것도 많았다. 그동안 그는 상대방이 혹시라도 자기 얼굴을 알아볼까 봐 늘 전전긍긍했기에 그게 무엇보다 놀라웠다. 이 채팅방 회원들은 다양한 종류의 성관계 사진과 비디오도 자유롭게 주고받았고 '각자 기호에 맞는 특수한 것'을 살 방법도 알려주었다.

그렇게 슈테판은 자기도 모르는 사이 점점 더 깊이 온라인 성행위의 세상으로 빠져들었다. 밤늦게까지 컴퓨터 앞에 앉아 시간을 보내고 나면 아침에 죽을 것처럼 피곤했고 그럴 때마다 양심의 가책이 밀려들었다. 그래서 하루걸러 한 번만 채팅방에 들어가자고 굳게 마음먹었다. 하지만 그때뿐, 퇴근하면 바로 컴퓨터 앞으로 달려갔다. 저녁에 동료들과 술 한잔 하고 자정 무렵에 집에 돌아와도 '진짜 잠깐' 들어가고픈 충동을 이기지 못해 결국 컴퓨터 앞에 앉고 말았다.

원래 사람들과 잘 어울리는 성격은 아니었지만, 이런 데 빠지고 보니 그는 점점 더 사람들을 피하게 되었다. 동료들은 처음에는 슈테판이 여자 친구가 생겨서 둘이 시간을 보내나 보다 생각했다. 슈테판도 동료들의 오해를 굳이 바로잡지 않았다. 자기가 진짜 뭘 하는지 그들이 알면 참으로 난감한 상황이 벌어질 테니 말이다. 하지만 그가 자꾸만 식사와 술자리를 피하다 보니 동료들도 결국엔 그에게서 멀어졌다. 그는 늘 너무 몸이 피곤하다, 일찍 자고 싶다는 핑계로 일관했다.

슈테판의 부모 역시 아들의 변화를 눈치챘다. 아들은 예전 같으면 적어도 일주일에 한 번은 집에 들러 부모와 저녁을 같이 먹었다. 그런데 요즘 들어서는 몇 주에 한 번도 아들 얼굴을 보기가 힘들었다. 어쩌다 집에 와도 밥만 먹고 나면 어서 가고 싶은 듯 엉덩이를 들썩댔다. 부모한테도 그는 피곤하다, 어서 집에 가서 자고 싶다는 핑계를 둘러댔다.

그날도 슈테판이 숟가락을 놓자마자 얼른 가고 싶은 기색을 보이자 아버지가 대놓고 아들에게 요즘 뭔가 문제가 생긴 게 아니냐고 물었다. 슈테판은 '종일 피곤하다', '회사가 요새 어렵다'라는 식의 뻔한 핑계를 둘러댔다. 하지만 아버지는 집요하게 분명 무슨 일이 있는 것 같다고 아들을 추궁했다. 결국, 슈테판은 요즘 자기가 컴퓨터를 '너무 많이' 한다고 털어놓았다. 아버지가 대체 하루 몇 시간이나 하기에 그러냐고 물었지만, 아들은 정확한 대답을 피했다. 대체 컴퓨터에서 뭘 하느냐는 질문에도 그는 대답하지 않았다. 그냥 '이것저것 처리할 게 많아서' 시간이 걸린다고만 얼버무렸다.

하지만 아들과 대화를 나눌수록 아버지는 아들이 성인 사이트에서 시간을 보낸다는 확신이 들었다. 아버지가 이런 의심을 대놓고 표현하자 아들은 하는 수 없다는 듯 고개를 끄덕이며 아버지의 말에 동의했다. 아버지는 걱정 실린 말투로 아들에게 말했다. "슈테판, 잘 생각해봐라. 내 보기엔 너 아무래도 성관계 중독인 것 같다." 아버지의 말에 슈테판은 화들짝 놀랐다.

자신이 성관계 중독이라는 생각은 한 번도 해본 적이 없었다. 하지만 아버지에게서 그 단어를 듣고 보니 아버지의 의심이 맞을지 모른다는 생각이 들었다. 물론 그래도 아버지에게는 끝까지 아니라고 우겼다. 채팅방에 너무 자주 들락거리는 건 사실이지만 절대 중독은 아니라고, 안 그래도 탈퇴할 생각이었다고 말이다. 아버지는 아들이 금방 채팅을 끊을 수 있다고는 믿지 않았지만 괜한 소리로 아들을 불안하게 하고 싶지 않아서 어서 탈퇴하라고만 말했다. 슈테판은 오늘 밤에 집에 가면 바로 탈퇴를 하겠다고 약속했다.

집에 도착해서 슈테판은 바로 컴퓨터로 달려갔다. 아버지에게 약속한 대로 성인 사이트를 지워버리려는 목적이었다. "그래도 마지막인데 기념 삼아 채팅방이나 한번 둘러볼까? 그동안 채팅했던 여자들에게 작별인사 정도는 해야 신사지." 하지만 잠깐의 계획은 새벽녘까지 이어진 질펀한 성인 채팅으로 끝이 났다. 슈테판은 사이트 삭제를 내일로 미루었다. "오늘만 날인가? 내일 하면 되지." 그는 혼자 중얼거렸다. 다음 날에도, 그다음 날에도 슈테판은 탈퇴하지 못했다. 하루하루 미루면서 전과 다를 바 없이 매일매일 온라인 성행위를 즐겼다. "사실

부모님이 나한테 고마워해야 하는 거 아냐? 실제로 이렇게 매일 여자를 바꿔가며 만난다고 해봐? 기절하실걸."이제 그만하겠다는 약속을 지키지 못했다는 죄책감이 들 때면 그는 이런 생각으로 마음을 달랬다. "건강에도 이게 더 좋잖아. 매일 여자를 바꾸면 성병 옮을까 걱정해야 할 텐데 말이야." 이것 역시 그가 마음을 달래기 위해 자주 써먹는 핑계였다.

하지만 이런 생활이 오래가다 보니 건강에 문제가 생기지 않을 수 없었다. 하루에도 몇 시간씩 컴퓨터 앞에 앉아 있으니 등이 아팠다. 더구나 긴장을 풀고 자책을 잊기 위해 그는 밤마다 술을 많이 마셨고 담배도 계속 피워댔다. 하루는 평소 다니던 병원에서 정기 건강검진을 받았는데, 의사가 걱정스러운 표정으로 그의 간 수치를 가리키며 요새 술을 많이 마시느냐고 물었다. 슈테판은 그렇다고 시인했지만, 최근에 친구들하고 술자리가 잦아서 '과음을 좀 자주 했다'라고 둘러대며 앞으로는 술을 자제하겠다고 대답했다.

또 밤마다 몇 시간씩 컴퓨터와 씨름하는 건전치 못한 생활방식은 수면장애와 과도한 피로감, 집중력 문제를 몰고 왔다. 회사에서 일을 소홀히 하지 않으려고 안간힘을 썼지만 결국 상사가 눈치를 채고 그를 불러 경고했다. 슈테판은 '개인적인 문제'가 좀 있었는데 '금방 해결될 것'이라는 말로 자신의 문제를 얼버무렸다. 상사는 슈테판이 이혼했다는 것을 알고 있었기에 그가 아직도 이혼의 충격에서 헤어 나오지 못했다고 짐작해, 심리치료를 한번 받아보는 게 어떻겠느냐고 조언했다. "계속 이러면 우리도 어쩔 수가 없어요. 하르트만 씨가 상황이 딱하다는 건 이해하지만 더는 참고 봐줄 수가 없어요."

상사의 경고가 충격적이기는 했으나 그는 여전히 채팅방을 떠나지 못했다. 아니, 오히려 불안한 미래를 잊기 위해 전보다 더 오래 채팅방에 머물렀다. 그는 나름대로 채팅을 할 수밖에 없는 이유를 억지로 찾아내어 자기 행동을 정당화하면서 아버지 말마따나 자신이 '성관계 중독'일 것이라는 깨달음에 거칠게 저항했다. 하지만 결국 그도 자신이 온라인 성행위에 깊이 빠져들었고 거기서 헤어 나올 길이 보이지 않는다는 사실을 인정하지 않을 수가 없게 되었다.

이런 절망적 상황에서 심리치료를 받아보라던 상사의 충고가 떠올랐다. 이제 인터넷 중독과 성관계 중독을 전문적으로 치료하는 심리치료사가 필요하다는 생각이 들었다. 여기저기 수소문을 해보니 집 근처에 행동 중독 치료 센터가 하나 있었다. 하지만 거기 전화를 걸어 예약을 잡겠다던 계획을 실행에 옮기기까지 다시 몇 주가 걸렸다. 어떻게 하든 전화를 미루려고 온갖 구실을 찾아냈다. 자신은 사실 인터넷 중독이 아니므로 치료가 필요하지 않다는 상상도 그런 구실 중 하나였다. "혼자서도 할 수 있을 거야." 그는 이렇게 자신을 달랬다. 결국, 상사는 '업무 능력이 심하게 떨어진다'라는 경고를 다시 한번 날렸고, 그제야 슈테판도 중독의 현실을 직시하지 않았다가는 정말로 큰일이 나고야 말겠다는 걸 깨달았다. 그리고 마침내 행동 중독 센터에 예약을 잡았고 그곳에서 치료를 받기 시작했다.

슈테판의 사례는 누구나 자신도 모르는 사이(당사자는 물론이고 주변 사람들도 전혀 눈치채지 못한 채) 성인 채팅에 중독될 수 있다는 사실을 잘 보여준다. 처음에는 '좀 색다른 것'을 경험하고픈 호기심에, 아니면 사는 게 너무 따분하다는 생각에 그런 사이트에 잠시 접속했겠지만, 하루 이틀 자꾸 들락거리다 보면 어느새 중독되고 만다. 물론 주기적으로 성인 사이트에 들어가서 온라인 성행위를 즐긴다고 해서 모두가 병적으로 중독이 되는 것은 아니다. 하지만 위에서 소개한 사례보다 훨씬 덜 충격적인 경우에도 몸과 마음과 인간관계에 적지 않은 해를 입을 수 있다.

이 장을 시작하면서도 설명했듯 인터넷 중독자와 문제성 사용자의 숫자는 실로 어마어마하다. 독일 연방 보건 교육 센터의 마약 친화력 연구에 따르면 2015년 12~17세 독일 청소년 인터넷 중독 유병률이 여성 5.3퍼센트, 남성 6.2퍼센트로 2011년에 비해 거의 두 배나 증가했다.[20] 당연히 이 분야에서는 비공개 수치가 매우 높다는 사실도 잊지 말아야 할 것이다.

가족이나 친구가 성인 사이트에 빠져 인터넷을 과도하게 사용한다는 의심이 든다면, 당사자가 아래의 **경고 신호**를 보이는지 살펴볼 필요가 있다. 앞서 슈테판에게서도 볼 수 있었던 행동들이다.

- 현실 인간관계에 관심이 줄어든다. 사람을 잘 만나지 않으려고 한다.

- 다른 활동보다 미디어 사용에 많은 시간을 할애한다. 이에 따라 인간관계의 폭이 좁아지고 사람에 관한 관심도 줄어든다.
- 미디어 사용으로 인해 학교 성적이나 직장 업무 능력이 떨어진다.
- 밤낮의 리듬이 바뀐다. 늘 피곤하고 잠을 잘 자지 못하며 술과 담배에 의존하고, 심할 경우 우울증을 앓는다.

이런 경고 신호를 확인하거든 슈테판의 아버지가 그랬듯 가족이나 친구에게 사이트 중독인 것 같다고 말해주는 것이 좋다. 상대가 자기는 중독이 아니라고 부인하거나 대화 자체를 거부할 수도 있다. 그래도 절대 거기서 멈추어서는 안 된다. **근심을 표현**하고 대화의 노력을 이어가야 한다. 슈테판의 아버지가 아들에게 대놓고 '성관계 중독'이냐고 물었듯 돌려 말하지 말고 똑바로 상대의 병명을 언급해야 한다.

자신의 인터넷 사용에 '문제'가 있다는 사실을 환자가 인정하기까지 시간이 걸리는 것이 보통이다. 특히 성인 사이트에 중독된 경우에는 남에게 솔직하게 말하기가 쉽지 않다.

중독이란 것도 창피한데 내용도 성인물이다 보니 창피함이 훨씬 더할 것이다. 그러므로 가족이나 친구가 당신에게 마음을 열 수 있을 때까지 시간을 두고 기다려야 한다.

또 이런 상황에선 환자가 **전문가의 도움**을 받는 것이 중요하다. 물론 당신이 곁을 지켜준다면 환자는 더할 나위 없이 든든할 것이다. 하지만 당신만 옆에 있으면 그 사람이 손쉽게 중독에서 벗어날 수 있을 것이라 착각해서는 안 된다. 그를 '치료'하려고 노력하는 것은 일반인인 당신에게는 능력을 넘어서는 과도한 부담을 짊어지는 일이기 때문이다. 심한 경우 (앞서 9장에서 살펴보았듯) 공동 의존에 빠져 당신마저 위험해질 수 있다.

당신 혹은 주변인이 매일 성인 사이트를 들락거리면서 이게 단순한 취미활동으로 그칠 것인지, 혹시라도 중독될 위험은 없는지, 이미 중독된 것은 아닌지 의심이 들거든 아래의 증상이 없는지 유심히 살펴보자(아래 증상은 물질 중독의 판단 기준을 참고로 삼았다). 이런 신호를 발견한다면 반드시 다른 사람에게 도움을 청해야 한다.

- 성인 사이트에 들어가고 싶은 욕망이 너무 강해 참을 수가 없다.
- 통제력이 떨어져 인터넷 사용의 시작, 사용 시간, 끝을 조절하기 힘들다.
- 인터넷을 하지 않으면 신체적·심리적 금단증상이 생긴다. 예를 들어 짜증이 나고 초조하며 우울하고 잠을 잘 수가 없다.
- 취미생활·인간관계 같은 다른 삶의 영역을 점점 더 소홀히 하고 중독 물질(술과 담배 등)의 소비가 늘어난다.
- 장기적으로 나쁜 결과가 생길 것이라는 사실을 알면서도 인터넷 사용을 그만둘 수 없다.

성인 채팅방이나 성인 사이트에 빠지는 경우 중독의 가능성을 넘어 또 다른 문제도 고민해야 한다. 즉 **이런 행동이 인간관계 태도에 어떤 영향을 미칠지**도 따져야 한다. 앞서 슈테판의 사례를 소개하면서, 나는 그의 인터넷 소비 형태가 가진 문제점을 지적했다. 바로 **성욕의 즉각적 만족**이다. 두 사람이 만나서 서서히 가까워지다가 잠자리까지 하게 되는 현실과 달리, 성인 사이트의 가상 만남에선 언제라도 상대를 구할 수 있고 성욕이 생기면 바로 해결할 수 있다. 상대가 동의하지 않아도 걱정할 필요가 없다. 응할 마음이 있는 사람은 충분히 널려 있다. 포르노 소비도 크게 다르지 않다. 포르노는 언제라도 손에 넣을 수 있으므로 성욕이 생기면 바로 해소할 수 있다. 더구나 성인 채팅방과 포르노 사이트에선 성행위 자체에만 초점을 맞춘 성관계 영상들이 제공된다. 반려자와의 관계를 이루는 정서적 요인은 전혀 고려되지 않는다. 그러다 보니 그런 성행위 영상들을 장기적으로 소비하다 보면 성관계가 **어떠해야 하는지**를 판단하는 성 관념이 왜곡되고, 자신은 물론이고 반려자까지도 그런 영상을 기준으로 평가하게 된다.

이런 일은 당연히 내적 갈등과 사회적 갈등을 초래할 수 있다. 첫 번째로 내적 갈등이 일어나는 이유는 현실과 거리가 먼 온라인 성행위 세계의 이미지들을 현실의 반려자와 나눈 성 경험과 비교해 자신의 성행위를 '열등'하다고 오판할 위험이 크기 때문이다. 더 나아가 포르노 영상에서 배우들이 하는 짓을 자신은 '할 수' 없으므로 수치심이 들 수도 있다. 그 결과 자존감이 크게 떨어진다. 가상 세계와 현실 세계의 불일치를 자각하면서 **자존감의 위기**가 찾아오는 것이다. 반려자가 포르노 배우와 다르게 행동하는 것은 자신이 '못하기' 때문이며, 반려자의 기대를 채워주지 못하기 때문이라고 자책한다. 그래서 더욱 현실 관계를 피하게 되고 가상 세계로 빠져들게 되는 것이다.

두 번째로 현실의 반려자는 인터넷에서 만난 사람들이나 포르노 배우들과 같지 않다. 현실의 반려자에게 포르노 배우처럼 행동하기를 요구한다면 당연히 갈등이 일어날 것이다. 그런 갈등이 싫고, 현실에서 만난 반려자가 기대하던 이상과 동떨어진 사람이기에 현실의 관계를 **피하게** 된다.

자신이나 가족, 친구를 위해 전문가의 도움을 찾을 때는 **인터넷 중독과 성관계 중독 환자를 전문적으로 치료하는 센터에 의뢰**하는 것이 좋다. 이런 종류의 치료는 전문 지식이 필요하므로 처음부터 해당 전문가와 치료를 시작할 필요가 있다.

요점 정리

~~~~~~

○ 인터넷 사용은 중독의 성격을 띨 수 있다. 특히 성인 채팅방에 과도하게 빠져들면 중독에 빠질 위험이 크다.

○ 인터넷 중독의 증상은 물질 중독과 같다. 인터넷 활동에 과도하게 몰입하고, 인터넷과 관련된 행동에 관대해지고(사용시간이 자꾸 늘어난다) 금단증상이 생긴다. 또한 심한 피로감이 들고 학업 혹은 직장 업무 능률이 떨어지며 술이나 담배, 마약 등에 손을 댄다.

○ 성인 채팅방의 온라인 성행위는 현실 반려자와의 관계에 부정적인 영향을 미친다. 성적 만족과 정서적 관계를 별개로 생각하게 되고 성욕의 즉각적 만족을 추구하게 되며, 포르노에서 본 성행위를 현실에 적용하려 한다. 또 자신과 현실의 반려자를 포르노 배우나 채팅방에서 만난 반려자와 비교하게 된다.

○ 중독이 심하지 않을 때는 인터넷 사용을 제한하여 '적절한' 수준으로 조절할 수 있다. 하지만 중증일 때는 완전히 끊도록 노력해야 한다.

○ 도저히 인터넷 사용을 줄일 수 없을 때는 행동 중독 치료 경험이 있는 전문가를 찾아 도움을 청해야 한다.

당신이 할 수 있는 일

성인 사이트 중독 환자라면

☺ 처음에는 자신의 중독 사실을 인정하고 싶지 않을 것이다. 그냥 가끔 접속해서 잠깐씩 즐기는 수준이라고 생각할 수도 있다. 하지만 자신의 인터넷 사용을 비판적으로 살펴 앞에서 언급한 중독 증상들이 관찰되거든 지체하지 말고 '비상 브레이크'를 당겨야 한다.

☺ 증상이 보내는 경고 신호를 무시하지 말고 반드시 사용 시간을 줄이려 노력해야 한다.

☺ 성인 채팅방에선 신속하게 익명으로 성관계를 즐길 수는 있겠지만 인간적이고 정서적인 차원의 교감은 결코 나눌 수 없다는 사실을 잊지 말아야 한다.

☺ 혼자서는 도저히 사이트 사용 시간을 조절할 수 없다면 한시바삐 전문가를 찾아가 도움을 청하자.

가족이나 친구라면

☺ 가족이나 친구가 성인 채팅방에서 지나치게 많은 시간을 보낸다고 생각된다면 당신의 느낌을 그에게 그대로 전달하자.

☺ 비난하거나 도덕적인 훈계를 늘어놓아서는 안 된다. 과도한 인터넷 사용의 부정적 결과를 객관적으로 설명해야 한다.

☺ 환자와 함께 사용 시간을 줄이고 충동을 조절할 방법을 고민하고 계획을 세워보자.

☺ 당신이 대화 상대로서 환자의 곁을 지킬 수는 있지만, 중독을 '치료'할 수는 없다는 사실을 잊지 말자. 괜히 당신이 치료하겠다고 나섰다가는 (9장에서 보았듯) 공동 의존에 빠질 수도 있다.

☺ 인터넷 사용을 조절해보려는 모든 노력이 다 허사로 돌아갈 때는 환자를 설득하여 전문가의 도움을 받아야 한다. 인터넷 중독은 '나쁜 습관'이나 '비도덕적 행동'이 아니라, 치료를 받아야 하는 질병임을 당사자에게 알려주어야 한다.

11장

폭력을 당하면서도
헤어지지 못하는 사람

옆에서 아무리 뜯어말려도, 고통스럽기만 한 폭력적인 관계에서 도무지 벗어나지 못하는 사람들이 있다. 주로 뉴스에서 접하지만, 주변에서도 가끔 볼 수 있는 유형이다. 이들은 여성이 대부분이며, 대체 왜 헤어지지 못하냐고 물으면 하나같이 '헤어질 수 없다'라고 대답한다. "도대체 어떻게 저런 상황을 참고 견딜까?" 지켜보는 주변 사람들은 신기하고 한편으로는 기가 막혀, 그저 한숨만 쉰다.

제시카 퀴네는 어릴 적 부모에게 관심과 애정을 받지 못하며 자랐다. 어머니는 제시카를 임신하는 바람에 하는 수 없이 아버지와 결혼했다. 그래서 자라는 내내 제시카는 어머니에게 원망을 들었다. "그때 너만 안 생겼으면 네 아빠하고 절대 결혼 안 했을 텐데." 원망과 푸념이 섞인 어머니의 이런 말을 들을 때마다 제시카는 심한 죄책감을 느꼈고 어떻게든 어머니를 행복하게 해주어야 한다는 의무감에 시달렸다. 정작 어머니는 딸에게 별 애정이 없었다.

부모는 신혼 때부터 온갖 문제로 늘 다투었다. 그런데도 제시카 밑으로 동생이 세 명 더 태어났다. 제시카의 아버지는 가정에 소홀했다. 퇴근하고 나면 동료들과 술집으로 직행했고 나날이 마시는 술의 양이 늘었으며 온갖 분란을 일으켰다. 게다가 술을 마시느라 돈을 탕진하는 바람에 가족은 늘 돈에 허덕였다. 어머니는 네 아이를 키우면서 빌딩 청소를 했고, 밤마다 완전히 녹초가 되었기에 제시카에게 동생들을 보살피라고 요구했다. 어머니의 부담을 덜어주기 위해 제시카는 열심히 육아와 가사를 거들었고, 그러느라 사실상 자유 시간이 거의 없었다.

제시카는 17세가 되던 해 클럽에 갔다가 알렉스를 만났다. 알렉스는 가정 폭력이 심한 집안에서 자랐다. 밤늦게 술에 잔뜩 취해 집에 돌아온 아버지는 잠든 아내와 아들을 깨워 시비를 걸고 주먹을 휘둘렀다. 알렉스의 어린 시절은 아버지에 대한 공포로 얼룩졌다. 그는 분노와 절망에 사로잡혀 왜 아버지가 자신과 어머니를 그토록 괴롭히는지 묻고 또 물었다. 그리고 굳게 맹세했다. "나는 나중에 결혼하면 절대로 저러지 않을 거야." 하지만 집안 사정은 끝내 나아지지 않았다. 결국 알렉스는 17세가 되던 해 부모와 절연하고 집을 나왔고, 10년 뒤 제시카를 만났다.

제시카는 자기보다 열 살이나 많은 알렉스가 자신에게 관심을 보인다는 사실에 괜히 우쭐했다. 자신에게 칭찬과 관심을 준 사람은 평생 처음이었다. 그가 자신과 성관계를 원한다는 사실도 제시카를 우쭐하게 했다. 하지만 제시카의 부모는 둘의 관계를 반대했다. 알렉스를 믿을 수 없는 놈이라고, '놈팡이', '사기꾼'이라고 했다.

열여덟 번째 생일을 몇 달 앞둔 어느 날 제시카는 자신이 임신했다는 사실을 알았다. 어머니는 당장 가서 아이를 지우자고 닦달했다. "안 지우면 우리랑 끝인 줄 알아"라며 협박도 서슴지 않았다. 알렉스도 아이를 원치 않았지만, 제시카는 결혼해서 아이를 낳고 싶다고 우겼다. 사실 제시카는 어서 결혼해서 부모 집에서 나오고 싶었고 화목한 가정을 꾸려 아이들을 잘 키우고 싶었다. 부모는 제시카의 결정에 분노하며 계속 임신 중절을 종용했다. "애를 낳을 거면 네가 알아서 해. 우린 모른다." 어머니는 냉정하게 잘라 말했다.

임신할 당시 제시카는 미용사 자격증 취득을 위해 열심히 공부 중이었다. 하지만 알렉스가 육아와 가사를 함께할 의향이 전혀 없었으므로 제시카는 무거운 마음으로 공부를 중단했다. 2년 후 둘째까지 태어나자 제시카는 육아와 가사에 지쳐 직업 교육을 완전히 포기하고 말았고, 틈나는 대로 가사도우미 일을 해서 조금씩 돈을 벌었다. 알렉스는 여전히 가사와 육아에 전혀 도움을 주지 않았다. 게다가 술을 엄청나게 마셔댔고 잊을 만하면 바람을 피웠다. 제시카는 이 모든 일을 묵묵히 참아냈다. 부모와는 연락을 거의 하지 않았고 설사 연락을 한다고 해도 두 분이 반대하는 결혼을 해서 한심하게 사는 꼴을 보여주고 싶지 않았다. 그러다 보니 그의 주변에는 속내를 털어놓고 조언과 위안을 구할 사람이 아무도 없었다.

알렉스가 마시는 술의 양이 나날이 늘어나자 그가 가족에게 폭력을 행사하는 횟수도 잦아졌다. 며칠씩 집을 나가 들어오지 않다가, 집에 돌아와서는 사정없이 아내와 아이들을 때렸다.

생활비가 떨어졌다는 말 한마디에도 알렉스는 폭발했다. 돈이 떨어졌으면 나가 벌어오면 될 것을 왜 자기한테 달라고 하느냐며 악을 쓰고 주먹을 휘둘렀다. 가족의 분위기는 불안과 폭력으로 얼룩졌다.

그러던 어느 날, 드문드문 연락을 주고받던 여동생이 제시카를 찾아왔다. 제시카는 동생이 너무나 반가웠지만, 언니가 사는 꼴을 본 동생은 화를 내며 소리를 질렀다. "아직도 그 미친놈하고 사는 거야? 당장 가정 폭력으로 신고하고 애들 데리고 피신해. 이러다가 진짜 맞아 죽어!" 제시카는 동생의 조언이 달갑지 않았다. 동생을 만나 속내를 털어놓으니 속은 좀 후련했지만, 알렉스와 헤어지는 건 있을 수 없는 일이었다. "너도 걱정이 되어서 한 말이겠지만 넌 아무것도 몰라. 나는 알렉스하고 못 헤어져." 언니의 답답한 반응에 화가 난 여동생은 참지 못하고 제시카를 비난했다. "언니도 똑같네. 언니 마조히스트야? 만날 바람 피우고 생활비 한 푼 안 주고 겨우 집에 기어들어 오는 날이면 마누라랑 애들을 쥐어패고. 근데도 언니는 참고 살잖아. 언니도 정상이 아냐. 정신이 조금이라도 남아 있다면 아이들을 생각해서라도 조처해야지."

동생이 가고 나니 제시카는 마음이 더 비참했다. 동생에게 이야기하지 말걸 하고 처참하게 후회했다. 남편에게 얻어맞고 사는 것도 기가 막히는데, 동생한테까지 욕을 얻어먹고 그것도 모자라 남편하고 못 헤어진다고 변명을 늘어놓아야 한다니.

변화의 계기는 예상치 못한 곳에서 찾아왔다. 제시카의 큰딸 담임 선생님이 아이가 조금만 소리가 나도 깜짝깜짝 놀라고 친구들하고도 못 어울리는 모습을 보고 수상한 낌새를 감지했다. 선생님은 학교 상담 선생님께 아이의 상담을 부탁했고, 몇 번의 상담 끝에 상담 선생님은 제시카의 집에 가정 폭력이 일어난다는 사실을 알게 되었다. 상담 선생님은 즉각 경찰에 신고했다.

하지만 이어진 부모 면담에서 제시카는 상황을 무마하려 애썼고 아이가 '오버했다'라고 주장했다. 남편도 자신도 성격이 불같아서 아이들이 보기에는 폭력을 쓰는 것처럼 보였을 수도 있다고 말이다. 알렉스도 절대 폭력은 없었다고 강력하게 버텼기 때문에 결국 경찰도 별다른 조처를 할 수가 없었다. 하지만 담당 경찰은 제시카에게 진심으로 이제 그만 견디고 도움을 청하라고 당부했고, 혹시라도 피할 곳이 필요하면 전화하라며 여성의 집 전화번호를 건네주었다.

그럼에도 제시카가 가정 폭력 사실을 시인하고 세상에 도움을 청하기까지는 2년이 더 걸렸다. 알렉스와 싸우다 심하게 맞아서 병원에 실려 가고 나서야 그는 마침내 용기를 내어 그동안 남편에게 많이 맞았다는 사실을 의사에게 털어놓았다. 의사는 경찰에 신고했고, 여성의 집에 제시카와 아이들의 거처를 마련해주었으며 심리상담을 받을 수 있도록 가정 폭력 상담소와도 연결해주었다.

안타깝게도 이런 수난을 겪으며 사는 이들을 적잖이 목격할 수 있고, 피해자는 대부분 여성이다. 이런 경우 피해자와 그 가족은 입장이 정반대다. 한편에선 피해자가 대책 없이 '절대로 헤어질 수 없다'라고 주장하고, 반대편에선 가족과 친구들이 황당해하며 "어떻게 저러고 살 수 있을까?"라고 비난을 퍼붓는다.

당신이 실제로 이런 피해자의 가족이나 친구라면 제시카 같은 여자들이 왜 몇 년씩 남편과 헤어지지 못하는지 도무지 이해할 수 없을 것이다. 그래서 본인과 아이들을 위해서라도 어서 폭력적인 남편과 헤어져야 한다고 조언했을 것이다. 제시카의 여동생이 그랬듯이 의존적인 친구나 가족이 안타까우면서도 화를 주체하지 못했을 것이고, 정신을 차리게 만들자는 생각으로 '마조히스트'라는 비난을 퍼부었을 것이다.

물론 전부 다 상대를 생각해서 한 말이었을 것이다. 하지만 보통 그런 말들은 역효과만 낼 뿐이다. 안 그래도 힘든 상황에서 허우적대는 피해자는 도무지 자신을 이해하지 못하는 당신이 섭섭할 것이고, 수세에 몰려 변명까지 늘어놓는 자신의 처지가 더욱 비참할 것이다. '한심한' 관계를 유지하는 가족에게 정신이 번쩍 들도록 조언을 주고 무엇보다 **도움**을 아끼지 않는 것은 중요하고도 옳은 행동이다. 그러나 제시카의 여동생처럼 "언니도 똑같아", "마조히스트가 아니고서야 어떻게 이러고 살아?" 같은 식의 비난은 피해자에게 모욕감을 안겨 오히려 피해자가 더 입을 꾹 다물게 만든다. 따라서 무엇보다 중요한 것은 피해자가 혼자서 이 모든 일을 다 감당해야 하는 것은 아니라고 여길 수 있게 안심시켜주고, 그를 있는 그대로 인정해주는 것이다. 그래야 피해자가 당신을 믿고 문제를 상의할 수 있다.

변화를 불러내려면 일단 **상황의 배경**을 파악해야 한다. 다시 말해 폭력을 당하면서도 관계를 유지하는 **피해자의 동기**를, 그 속내를 알아야 한다. 어찌 되었건 마조히즘은 이유가 아니다. 다시 말해 피해자가 폭력을 즐겨서 부러 그런 상황을 추구하는 건 아니라는 말이다. 피해자에게 그런 식의 비난을 퍼붓는 짓은 객관적으로 옳지 않고, 모욕적이기도 할 뿐더러 상황의 책임을 피해자에게로 돌리는 것과 같다. 이는 피해자에게 2차 가해를 저지르는 것이다.

사실 제시카와 같은 의존관계는 주변 사람들에게 큰 혼란을 준다. 당연히 당신이 그런 사람의 가족이나 친구라면, 아니, 그런 끔찍한 관계에서 벗어나지 못하는 피해 당사자라고 해도 궁금증이 일 것이다. 왜 고통만 안기는 관계를 벗어나지 못하는 걸까? 이런 의존관계의 이유는 한 가지가 아니다. 대부분 다양한 차원에서 **여러 가지 요인**이 함께 작용한다.

첫 번째로 **경제적 상황**이 있다. 제시카의 사연을 소개하면서 나는 그의 경제적 어려움을 강조했다. 알렉스는 수입이 그다지 많지 않았고, 그마저도 제시카의 아버지처럼 술을 퍼

마시고 바람을 피우느라 탕진했다. 제시카는 틈날 때마다 가사도우미로 일을 해서 푼돈을 벌었지만, 그 돈으로는 집안을 꾸려갈 수 없었다. 더구나 결혼하면서 미용사 교육을 중단했기 때문에 경제적으로 남편에게 의존할 수밖에 없었다. 폭력적인 남편에게서 벗어나겠다는 목표가 아무리 좋아 보인다 해도, 그런 경제적 의존 상태에서 헤어 나오기란 극도로 어려운 일이다. 그래서 적지 않은 여성들이 경제적인 이유로 고통과 문제만 일으키는 의존관계를 유지한다.

경제적인 차원과 관련하여 또 한 가지 잊지 말아야 할 지점이 있다. 제시카 같은 여성들이 폭력적인 관계를 유지하는 이유 중에는 혼자서는 아이들을 제대로 키울 수 없다는 불안도 있다. 남편에게 돈을 받아야 아이들에게 물질적으로 어느 정도 안정된 생활을 보장해줄 수 있기 때문이다. 이런 경우 관계의 유지는 아이들에 대한 애정과 의무감 때문이다. 다들 알겠지만, 혼자서 아이를 키우는 여성 한부모 가정이 가난에 특히나 더 취약하다.

제시카 같은 여성들이 폭력적인 관계를 유지하는 또 한 가지 중요한 동기는 바로 **정서적인 요소**다. 보통 그런 여성들의 마음속엔 여러 가지 감정이 혼재하고, 상황에 따라서는 서로 모순되는 감정이 뒤엉켜 있기도 하다.

그중 첫 번째로 중요한 감정이 **불안과 공포**다. 물론 한 가지 요인으로 인한 불안이 아니라 다양한 것에 대한 불안이다. 피해자는 **반려자가 언제 또 폭력을 행사할지 모른다는 불안**과 혹시라도 헤어지자고 하면 더 폭력적으로 변할지 모른다는 불안을 느낀다. 하루가 멀다 하고 들려오는 이별 살인 뉴스는 이런 불안이 전혀 근거가 없지는 않다는 사실을 입증한다. 여성의 집이나 여성 상담소가 가정 폭력 피해자에게 피할 곳을 제공하는 것도 그런 이유다.

따라서 당신이 가정 폭력 피해자의 가족이나 친구라면 피해자가 **임시 거처를 찾을** 수 있도록 조언과 행동으로 도움을 주어야 할 것이다. 피해자 본인이 추가 **폭력을 피할 수 있는 장소**를 미리 수소문해두는 것도 중요하다. 자신의 신변도 걱정해야 하지만, **아이들에 대한 걱정**도 빼놓을 수 없다. 아내를 괴롭히기 위해 아이에게까지 폭력을 행사하는 남성들이 적지 않다. 그래서 피해 여성들은 남편의 심기를 건드리면 괜히 아이까지 피해를 당할까 봐 억지로 관계를 유지한다. **양육권**을 두고 피 터지는 다툼이 자주 벌어지는 것도 이런 맥락이다. 폭력적인 남편이 양육권을 주장하는 이유는 자기가 아이들을 잘 키우겠다는 것이 아니다. 아이들의 행복을 위해서도 아니다. 오로지 도망친 아내를 최대한 괴롭히려는 목적이다.

두 번째 정서적 동기는 제시카 같은 여성들의 삶에 깊이 뿌리내린 **외로움**이다. 제시카는 어린 시절부터 외로웠다. 부모에게 사랑을 받지도 못했고 마음을 나눈 친구가 있었던 것도 아니며 힘들 때 연락한 여동생마저 그를 비난하고 모욕했다. 많은 가정 폭력 피해자들이 이와 비슷하게 고립된 삶을 살아가고, 그 때문에 폭력적인 의존관계에서 빠져나올 힘을 내지 못한다.

제시카가 원가족에서 경험했던 외로움과 결핍은 알렉스가 연애 초기에 보인 관심과 찬사에 제시카가 그토록 예민하게 반응했던 이유이기도 하다. 그런 인생사가 있다면 아무리 고통스럽다고 해도 쥐꼬리만 한 애정이나마 줄 수 있을 것 같은 사람을 떠나기가 쉽지는 않을 것이다. 허허벌판에 홀로 선 듯 외로운 피해자에게는, 반려자는 폭력적이더라도 어쨌든 자신과 관계를 이어가는 유일한 사람이다. 정서적 방임 상태의 아동이 자신에게 무관심한 부모보다 벌을 주는 부모를 더 낫다고 생각하는 것과 다르지 않다.

폭력 피해자가 가해자를 쉽게 떠나지 못하는 이유 중에는, 어찌 되었건 두 사람에게는 **오랫동안 함께 나눈 역사**가 있다는 사실도 잊지 말아야 한다. 특히 제시카와 알렉스처럼 사회적·정서적 문제가 많은 가정에서 자란 사람들끼리 만났다면, 이런 출신의 유사성은 물론이고 그 이후 두 사람이 함께한 고단한 관계의 역사가 **강력한 접합제**로 작용할 수 있다. 함께 나눈 정서적 고통, 함께 나눈 물질적 어려움, 함께 낳은 자녀, 그리고 무엇보다 함께 나눈 폭력의 경험이 두 사람 모두에게서 의존관계를 강화할 수 있다. 근본적으로는 폭력적인 남편 역시 폭력의 피해자인 아내가 남편에게 의존하듯 아내에게 의존하기 때문이다. 남편 역시 아내 없는 삶을 상상할 수 없기에 수단과 방법을 가리지 않고, 심지어 폭력을 사용해서라도 어떻게든 아내를 자기 곁에 묶어두려 애쓴다.

피해자가 폭력적 의존관계를 떠나지 못하는 마지막 이유는 그 관계가 **원가족에서 경험했던 관계의 반복**이기 때문이다. 이런 역학은 제시카에게서도 나타난다. 그는 원가족에게서 관심과 애정을 받지 못했고, 아버지가 폭음하고 집에 와서 아내와 자녀들을 때리는 것을 보고 자랐다. 그러니까 제시카는 아버지와 근본적으로 매우 흡사한 남자를 남편으로 고른 것이다. 어릴 적부터 이런 관계 패턴에 익숙해진 탓에 환자는 거기서 빠져나갈 수 있다는 생각을 아예 하지 못한다. 이들 가족에게 하늘의 저주가 내린 것처럼, 세대를 이어가며 불행이 계속된다. 어린 시절 경험한 관계 패턴이 반복되는 이런 역학은 흔히 말하는 '폭력의 악순환'[21] 형태에서도 자주 목격된다. 어릴 적 폭력의 피해자였기에 나중에 자라서 가정을 꾸리면 절대 그러지 않겠다고 다짐했던 알렉스 같은 사람들이, 정작 어른이 되어서는 가해자가 되어 어릴 적 피해자로서 경험했던 폭력을 자기 가족에게 휘두르는 비극적인 경우가 드물지 않다.

폭력의 피해자가 관계를 고집하는 여러 가지 이유를 이렇듯 상세하게 설명한 이유는, 혼자 힘으로는 그런 의존관계에서 벗어나기가 힘든 사람들이 실제로 무척 많다는 사실을 알리기 위해서다. 일반적으로 관계에서 벗어나자면 **믿을 수**

있는 사람의 도움이 필요하고, 더불어 **심리치료의 도움**도 필수적이다.

의존관계의 피해자는 아마도 관계를 끝내지 못하는 이유를 수없이 자신에게 물었을 것이고 상황에 따라서는 자책도 많이 했을 것이다. 피해 당사자도 그들의 가족이나 친구와 마찬가지로 왜 자신이 그런 관계를 끊어내지 못하는지 계속 고민한다. 이때 위에서 설명한 여러 동기를 따져본다면, 폭력으로 얼룩진 관계에서 벗어나는 첫걸음을 내디딜 수 있을 것이다.

이런 성찰 과정에서 자책이나 책임 전가는 아무런 도움이 안 된다. 오히려 바람직한 해결의 걸림돌이 될 뿐이다. 피해자는 안 그래도 힘든 자신을 자책까지 더해 괴롭혀서는 안 된다. 자신의 행동을 두고 고민할 때는 위에서 설명한 동기들이 관계의 단절을 어렵게 한다는 사실을 잊지 말아야 한다. 물론 이런 동기를 알아차린다고 해서 그것들을 그냥 인정하고 계속 폭력을 받아내며 살라는 뜻은 절대 아니다. 하지만 동기를 깨달으면 피해자는 자신을 덜 비난하고 '더 온화하게' 대할 수 있다. 그것이야말로 행동 변화의 시발점이 될 것이다. 폭력적인 의존관계에서 벗어나기까지는 오랜 시간이 걸린다. 심하면 몇 년이 걸릴 수도 있다. 당연히 폭력을 온몸으로 감당하는 피해자 자신은 물론이고 가족이나 친구들도 옆에서 지켜보기가 무척 괴로울 것이다. 나중에 피해자는 그 시절을 돌아보면서 벗어날 기회가 있었는데도 왜 더 일찍 그 기회를 잡지 못했을까 하고 후회한다. 가족이나 친구들도 왜 조금 더 일찍 적극적으로 개입하지 않았을까 자책한다. 물론 그런 폭력적 의존관계는 최대한 일찍 떨쳐내는 게 좋고, 가족이나 전문가의 올바른 조언은 재빨리 따르는 게 좋다. 하지만 안타깝게도, 제시카의 사례에서도 보았듯 항상 그럴 수 있는 것은 아니다.

피해자가 겨우겨우 폭력적인 반려자와 헤어져 놓고는 얼마 안 있어 다시 그에게로 돌아가 주변 사람들과 마찰을 빚을 수도 있다. 피해자가 가정 폭력 고소를 취하하는 경우도 드물지 않다. 당연히 당신이 가족이나 친구라면 그런 행동을 이해할 수도 없을 것이고 상황에 따라서는 정말 화가 날 것이다. 당신은 맞아 쓰러진 피해자를 병원으로 데려갔고 경찰서에도 동행했으며 그를 보호하기 위해 온갖 조처를 취하고 임시 거처도 알아봐 주었다. 그런데 이제 와서 **다시 맛이 가서** 그 미친놈에게 돌아가냐며 울분이 치밀 것이다.

그런 상황이라면 위에서 설명한 이유를 다시 한번 되새겨야 한다. 벌컥 화를 내거나, 실망해서 피해자를 외면해서는 안 된다. 지금 피해자는 예전보다 훨씬 더 당신의 도움이 필요한 상황이다. 피해자 본인도 얼마 못 가 왜 자신이 다시 폭력적인 반려자에게로 돌아왔는지 고민할 테니 말이다. 따라서 피해자의 곁을 지키며 대화를 이어가야 한다.

피해자 역시 가족이나 친구와의 관계를 유지하며 그들의 질문과 조언에 진지하게 응해야 한다. 이성적 판단은 이제 그만 관계에 종지부를 찍으라고 재촉하지만, 감정이 '이성적' 행동의 실행을 가로막을 것이다. 그러니 훗날 왜 당시에 그런 어리석은 결정을 했을까 하고 자책하지 마라. 아직 이별의 결단을 내릴 시기가 무르익지 않았던 것이고, 의존관계에서 벗어날 힘이 충분하지 않았던 것이다.

안타까운 현실이지만 피해자가 제시카처럼 지독한 폭력을 당해 병원으로 실려 가고, 그로 인해 외부인이 개입하고 나서야 겨우 관계를 끝내는 사례가 적지 않다. 당신이 피해자라면 이런 **외부의 도움을 이용**해야 한다. 당신이 피해자의 친구나 가족이라면 이런 순간 **적극적으로 나서서 피해자를 도와줄 준비**가 되어 있어야 한다.

요점 정리

○ 왜 폭력적인 관계를 유지하는지 주변에서 보기에도, 피해자 자신도 도무지 이유를 알 수 없는 경우가 있다.

○ 주변 사람들은 피해자를 '마조히스트'라며 비난한다. 하지만 그런 비난은 객관적으로 옳지 않을뿐더러 피해자에게 또 다른 상처를 주는 2차 가해다.

○ 피해자들이 오랜 시간 그런 폭력적인 관계에서 벗어나지 못하는 데에는 여러 가지 이유가 있다. 중요한 이유 몇 가지를 꼽아 보면 다음과 같다.

– 경제적으로 가해자에게 의존하고 있다.

– 자기만 참으면 자녀들은 물질적으로 안정된 삶을 살 수 있다고 생각한다.

– 이별을 선언했다가 자신은 물론이고 아이들까지 더 심한 폭력을 당할까 봐 두렵다.

– 혼자되어 외로울까 봐 무섭다.

– 가해자는 쥐꼬리만큼이나마 자신에게 관심을 주는 사람이다.

– 가해자와 함께한 역사가 둘을 끈끈하게 묶어줄 수 있다.

– 원가족의 관계 패턴을 되풀이하는 것일 수 있다.

당신이 할 수 있는 일

피해자라면

☺ 가해자와 헤어지지 못하는 자신을 비난하거나 죄책감을 느끼지 말아야 한다. 자책은 해결책을 찾아가는 길에 걸림돌이 될 뿐이다. '마조히스트'라는 비난에는 적극적으로 반박하자. 객관적으로도 옳지 않은 말일뿐더러 당신을 모욕하는 말이다.

☺ 왜 자신이 관계에 집착하는지 그 이유를 위에서 설명한 동기들을 참고하여 찾아보자.

☺ 믿을 수 있는 사람과 대화를 나누어보자. 힘들 때는 하소연만 해도 마음이 훨씬 가벼워진다. 상대의 조언을 진지하게 경청하자.

☺ 여성 상담소에 연락해서 조언과 도움을 구하고 당신과 아이들이 잠시 여성의 집에 피신할 수 있는지 알아보자. 더 나아가 가정 폭력 피해자를 치료한 경험이 있는 심리치료사에게 도움을 청하자.

가족이나 친구라면

☺ 피해자의 행동을 이해할 수 없어도 비난하거나 책임을 물어서는 안 된다. 특히 '마조히스트'라는 말은 절대 하면 안 된다. 객

관적으로 옳지 않은 말일뿐더러 피해자에게 상처를 줄 수 있다.

☺ 피해자와 함께 그토록 고통스러운 관계를 유지하는 이유를 찾아보자. 그리고 그 이유를 진지하게 고민해보자.

☺ 피해자의 대화 상대가 되어주자. 누군가 들어줄 사람이 있어 힘들다고 하소연만 할 수 있어도 피해자는 훨씬 마음이 가벼워지고, 나아가 조금씩 자기 행동의 이유를 깨달을 수도 있다.

☺ 피해자와 의논하여 함께 구체적인 대안을 찾고, 피해자가 안전한 곳(여성의 집 등)에 머무르며 심리치료를 받을 수 있도록 도와주자.

12장

성숙하고 독립적인
개인으로 가는 길

마지막 장에서는 불행으로 끝날 뻔했던 지독한 의존관계에서 탈출하는 데 성공한 한 여성의 사례를 소개한다. 이 사례가 입증하듯 아무리 힘들고 엄청난 인내와 용기가 필요해도 고통에서 벗어날 길은 항상 있다.

　　마라 클라이네르트는 삼남매의 막내다. 아버지는 엔지니어였고 어머니는 은행원이었다. 언니와 오빠와는 나이 차가 많이 나서 마라가 태어났을 때 언니는 벌써 열 살, 오빠는 여덟 살이었다. 부모는 원래 자녀를 둘만 낳고 싶어 했다. 어릴 적 어머니가 지나가는 말로 마라는 '사고'였다고 말한 적이 있었다. 그렇지만 어머니는 웃으며 그런 사고는 늘 일어나는 일이고 살면서 자신은 그런 온갖 사고들을 '잘 해결해왔다'라고 덧붙였다. "다행히 네가 태어났어도 내 일에는 지장이 없었어. 유모와 도우미 아줌마가 널 잘 키워줬거든."

어린 시절이 어땠느냐는 질문에 마라는 유복했다고 대답했다. "필요한 건 다 있었어요. 부족한 게 없었으니까. 그러니까 불만을 느낄 이유가 없었죠." 그런데도 그는 어릴 적부터 늘 뭔가 중요한 것이 빠진 것마냥 마음이 허전했다. 그건 바로 조건 없는 사랑과 관심, 따뜻하고 부드러운 마음이었다. 부모는 늘 바빠서 막내딸에게 통 시간을 내지 못했고 언니 오빠도 이미 성인이었다. 마라에게 그들은 '형제자매'가 아니라, 그저 같은 집에 동거하는 두 명의 어른에 불과했다. 마라를 맡아 키웠던 유모는 엄격하고 차가운 여성이었다. '예의범절'과 '성적'을 무척 중요시했는데, 마라의 어머니가 그 유모를 고용한 이유도 바로 그 점이 마음에 들었기 때문이었다. 유일하게 마라를 따뜻한 마음으로 품어준 사람은 가사도우미였다. 50대 초반인 그는 가사를 하는 틈틈이 마라를 잘 보살펴주었다. 그는 친구에게 이런 말을 하기도 했다. "물질적으로 보면 최고의 환경이지. 하지만 집안 분위기가 거의 냉장고야. 엄마는 아이한테 전혀 관심이 없고 아버지는 일밖에 모르고 유모는 아주 끔찍해. 마라가 진짜 불쌍해."

마라는 일찍부터 주변 사람들의 말을 잘 들었다. 그래서 '얌전하다'라는 칭찬을 많이 들었다. 그 말은 말썽을 피우지 않고 가족의 일상을 방해하지 않으며 학교에서 공부를 잘한다는 뜻이었다. 얌전하게 굴어서 사랑을 듬뿍 받았던 건 아니었지만 그래도 어느 정도 부모의 인정은 받았다. 그래서 마라는 겉보기엔 아무 문제도 없는 아이였다. 하지만 마음 저 깊은 곳에선 늘 불안에 떨었고, 워낙 자신감이 없다 보니 살짝만 지적을 들어도 심한 자괴감에 괴로워했다. 그렇게 한 해 한 해 세월이 흐르며 마라의 자신감은 자꾸만 떨어졌다. 누가 조금만 칭찬을 해주어도 세상을 다 얻은 듯 행복했고, 학교나 직업교육 현장에선 선생님의 마음에 들기 위해 무진 노력했다.

마라는 간호사가 되기로 했다. 부모는 딸이 선택한 직업이 마음에 들지 않았다. '간호사'라니, 자기 딸에게는 어울리지 않는다고 생각했다. 하지만 워낙 마라에게 관심이 없다 보니 딸과 마주 앉아 진지하게 의논할 생각은 하지 못했다.

부모와 달리 마라는 본인의 직업이 무척 좋았다. 아픈 환자를 돌보면서 난생처음으로 성적이 전부가 아니며, 자신도 다른 사람에게 무언가를 줄 수 있다는 경험을 하게 된 것이다. 더구나 환자들은 그의 도움을 진심으로 고마워했다.

마라는 한동안 그럭저럭 만족스러운 삶을 살았다. 일이 삶의 중심이었다. 휴일에도 그는 노숙자 쉼터에서 봉사활동을 했고 난민 봉사단체에도 지원을 아끼지 않았다. 직장에서도 봉사단체에서도 워낙 몸을 사리지 않고 열심히 일하다 보니 마라는 어디를 가나 사랑과 칭찬을 듬뿍 받았다. 하지만 이런 뿌듯한 경험에도 자괴감은 쉽게 사라지지 않았고 떨어진 자신감도 회복하지 못했다. 누가 지적하거나 야단치지 않아도 마라는 늘 뭔가 잘못을 저질러서 변명을 해야 할 것 같은 기분을 떨칠 수가 없었다. 마음에 뻥 뚫린 커다란 고통의 구멍은 무얼 해도 메워지지 않았다.

마라가 일하는 병원에는 마라보다 몇 살 어린 인턴 아르놀트 슐뤼터가 근무하고 있었다. 얼굴도 잘생긴 데다 아는 것도 많아서 마라는 몰래 그를 짝사랑했다. 동료들이 아르놀트를 더럽게 잘난 척한다고 욕을 해도 마라의 눈에는 그가 그저 멋있기만 했다. 어느 날 점심시간에 아르놀트가 마라에게 구내식당에

내려가는데 같이 가겠느냐고 물었다. 먼 나라 왕자님같이 멀게만 느껴지던 남자가 의외의 말을 던졌으므로 마라는 자기 귀를 의심했다.

이 첫 식사 자리에서 아르놀트는 마라에게 좋은 모습만 보여 줬다. 다정했고 정중했으며 유머가 넘쳤고, 마라에게 양동이로 물을 붓듯 칭찬을 퍼부었다. 마라는 아르놀트가 보여준 이런 과도한 관심이 난처했다. 태어나서 처음 겪는 일이었다. 하지만 한편으로는 그와 있으니 너무 좋았고 태어나서 이렇게 행복했던 적이 없었다. 식사를 마치고 돌아가는 길에 아르놀트가 작별인사로 그녀의 뺨에 입을 맞추자 마라의 행복은 하늘 높은 줄 모르고 날아올랐다. 그 후 몇 달 동안 두 사람은 많은 시간을 함께 보냈다. 아르놀트가 성관계를 요구했을 때 마라는 잠시 망설였다. 자기가 너무 경험이 없어서 창피를 당하면 어쩌나 걱정되었다. 하지만 결국 아르놀트의 채근에 굴복하고 말았다. 그래도 기대보다 훨씬 더 좋은 밤을 경험했다.

그런데 어느 날 친한 동료 간호사에게 아르놀트와의 관계를 털어놓았더니 동료의 반응이 예상과 달랐다. "그런 놈하고 엮이지 마. 여자 이용해 먹다가 싫증 나면 바로 버린다고 소문이

자자해." 마라는 동료의 비난에 버럭 화를 내며 절대 아니라고 반박했다. "헛소문이야. 그런 사람 아냐. 날 얼마나 사랑하는데. 나랑 결혼하자고 했어. 진짜 세상 최고의 남자야. 이젠 그가 없는 삶은 도저히 상상이 안 돼."

하지만 불과 몇 달 후 동료가 경고했던 그 일은 현실이 되고 말았다. 마라의 부모가 갑자기 세상을 뜨면서 자녀들에게 큰 유산을 남겼다. 마라가 그 사실을 아르놀트에게 말하자 그는 '어려운 부탁'이 있는데 들어주겠느냐고 물었다. 마라는 늘 그에게서 받은 사랑과 관심에 부채감을 느꼈던 터라 마침내 그에게 뭔가 해줄 수 있다는 사실이 기뻤다. 무슨 부탁이냐고 물으니, 그는 포르셰 터보 S 카브리올레가 사고 싶은데 돈이 모자란다고 대답했다. 마라가 3만 유로(약 4300만 원)만 '보태주면' 너무 갖고 싶은 그 차를 살 수 있다고 말이다. 그는 늦어도 석 달 후엔 돈이 생기니까 꼭 갚겠다고 약속했다.

자신을 위해서는 한 푼도 쓰지 않는 마라로서는 그가 말한 액수가 실로 천문학적이었다. 하지만 남자 친구에게 뭔가 해줄 수 있다는 사실이 너무 행복했다. 석 달 후 그가 돈이 마련되지 않았으니 조금만 더 기다려달라고 했을 때도 그녀는 급하지 않으니 염려 말라고 대답했다. 다시 몇 달이 더 흘렀지만 아르놀트는 돈을 돌려주지 않았다. 마라는 언제 갚을 거냐고 묻고 싶었지만 남자 친구가 짜증을 낼까 봐 겁이 나서 차마 입을 떼지 못했다.

게다가 남자 친구와 만나는 횟수가 자꾸 줄었다. 오늘 저녁에 만나자고 하면 대부분 '피곤하다'라느니 '일이 너무 많다'라느니 하는 대답이 돌아왔다. 왠지 그가 거리를 두는 것 같아서 속상했지만, 마라는 감히 그에게 그 말을 하지 못했다. 그런 기분을 느끼는 자신이 부끄럽기도 했다. 남자 친구를 이해하지 못하는 자신이 너무 '이기적'인 것만 같았기 때문이다.

어느 날 저녁 마라는 일을 마치고 친한 동료 간호사와 저녁을 같이 먹었다. 예전에 아르놀트를 나쁘게 말한 적 있던 그 동료였다. 그녀는 마라에게 요즘 어떠냐고 물은 후 아르놀트가 떠나서 힘들겠다고 위로했다. 자기가 그때 경고를 했는데 왜 듣지 않았느냐는 힐책도 곁들였다. 마라는 동료의 말에 힘껏 고개를 저었다. 아르놀트는 자신을 떠난 게 아니다, 요즘 자주 만나지 못한 건 사실이지만 그가 워낙 일이 많아서 그런 거다, 우리 관계는 아무 이상이 없다고 했다. 그러자 동료는 깜짝 놀라서, 아르놀트가 요새 이직한 병원에서 여자 레지던트를 만나 사귄다는데 전혀 몰랐느냐고 물었다. "그 여자하고 포르셰 타고 돌아다닌다는데."

마라는 뒤통수를 한 대 세게 얻어맞은 기분이었다. 아르놀트가 자신을 배신하고 딴 여자를 만날 것이라고는 꿈에도 생각지 못했다. 마라는 어쩔할 바를 몰라 울음을 터트렸다. 동료는 마라가 아무것도 모른다는 사실에 무척 놀랐다. 그래서 마라를 위로하려고 애를 썼고, 마라가 너무 충격을 받은 것 같았으므로 집까지 데려다주었다. 마라는 하늘이 무너진 기분이었다. 아르놀트는 지금껏 자신에게 사랑과 관심을 선사한 처음이자 유일한 사람이었다. 그를 철석같이 믿었는데, 그런 그가 자신을 이렇게 뻔뻔하게 기만하다니! 그날 밤 마라는 아르놀트에게 전화를 걸었다. 하지만 그는 마라의 전화를 받지 않았다. 하는 수 없이 늦어도 좋으니 바로 전화해달라는 내용의 문자를 보냈다. "오늘 꼭 자기랑 전화를 해야겠어."

아르놀트는 그날 밤에도 이튿날에도 전화하지 않았다. 마라가 절망의 심정으로 미친 듯 보낸 수많은 문자에도 전혀 응답하지 않았다. 마라는 아르놀트가 답장을 하지 않는 온갖 이유를 지어내면서 자신의 마음을 달래려 애썼다. 출장 가면서 휴대전화를 놓고 간 거야. 몸이 아파서 답장을 못 하는 걸 거야. 몇 주를 애타게 기다린 끝에 어느 날 밤, 그에게서 짧은 문자가 날아왔다. "그만 좀 괴롭혀."

그 문자를 읽는 순간 기가 막혔다. 기다리게 해서 미안하다는 말 한마디 없었다. 어떻게 지내냐는 안부 인사도 없었다. 만나자는 말도, 꾸어간 돈 이야기도 없었다. 그 많은 사랑의 맹세는 다 무엇이었단 말인가? 그 아름답던 관계의 끝이 겨우 이것이었단 말인가? 마라는 도무지 이해할 수 없었다. 아르놀트가 없는 삶은 상상이 되지 않았다. "나를 붙들어주고 내 인생에 의미를 주던 모든 것을 잃었어. 이렇게는 못 살아." 마라는 수면제 한 통을 다 털어먹고 자살을 기도했다.

다행히 동료가 잠든 마라를 발견했다. 그는 마라에게 여러 차례 연락했는데도 답장을 하지 않자 걱정이 되어 달려왔다. 그날 저녁 같이 밥을 먹으면서 아르놀트의 소식을 알게 된 마라가 큰 충격을 받은 것 같았고 아르놀트가 없는 삶은 의미가 없다는 말을 몇 번이나 했던 것이 계속 마음에 걸렸다고 했다. 문을 두드려도 마라가 열어주지 않자 동료는 경찰에 신고했고,

경찰과 함께 달려온 응급대원들이 문을 따고 들어가 의식을 잃은 채 쓰러져 있던 마라를 병원으로 옮겼다.

의식을 회복한 마라는 정신과 치료를 받았고, 자살 시도의 이유를 물은 의사는 심리치료를 권했다. 남자 친구가 배신했다고 해서 자살을 시도할 정도로 그에게 의존하게 된 이유를 심리치료로 알아보자는 것이었다. 마라는 의사의 권유를 단칼에 거절했다. 그런 건 필요치 않다, 지금껏 온갖 어려움이 있었어도 혼자서 잘 극복해왔다, 그러니 이번에도 혼자 잘 이겨낼 수 있다고 하면서 말이다. 하지만 두 번째 정신과 상담에서는 살짝 마음이 누그러져서 의사가 건네준 심리치료사 두 명의 명단을 받아 두었다. 게다가 경찰에 신고했던 동료까지 나서서 적극 심리치료를 권하자 마라는 결국 치료를 받기로 마음을 먹었고, 퇴원 후 정신과 의사가 알려준 심리치료사를 찾아갔다.

처음에는 아르놀트와의 관계와 그에게 이용당하고 버림받았다는 처절한 좌절감을 털어놓기가 쉽지 않았다. 하지만 집중적으로 그와의 관계에 대해 상담을 진행하면서 마라는 애당초 자신이 자괴감이 너무 심한 사람이어서 자기 말마따나 '물에 빠진 사람처럼' 그에게 매달렸다는 사실을 깨닫게 되었다.

그의 칭찬 몇 마디면 게임은 끝났다. 그녀는 자립성이란 자립성은 다 팽개치고 그에게 자신을 내던졌다. "지금 와서 그때를 돌아보니 제가 얼마나 그에게 의지했는지…… 충격적이에요." 어느 날 상담 시간에 그는 심리치료사에게 이렇게 고백했다. 그리고 부끄러움에 목소리를 죽여 이런 말도 덧붙였다. "그 사람이 손가락만 까딱했어도, 1초도 망설이지 않고 다시 그에게 달려갔을 거예요. 왜 그 사람에게 그 정도로 엄청난 힘을 주었던 걸까요?"

마라는 심리치료사와 함께 자신이 아르놀트에게 그토록 매달렸던 이유를 찾아냈다. 어린 시절부터 내내 마음 한구석을 차지했으나 채워지지 않은 칭찬과 인정의 갈망을 아르놀트가 알아차렸고, 자신이 그 갈망을 채워줄 것처럼 행동했기 때문이었다. "난 정말 바보예요. 그 인간은 눈웃음 한번만 지었을 뿐인데 저는 완전히 정신을 잃고 그에게 홀딱 빠지고 말았어요. 동료가 경고했을 때 정신을 차렸어야 했어요. 차용증 한 장 안 쓰고 3만 유로나 되는 거금을 턱 빌려주다니 미치지 않고서야 어떻게 그런 짓을 할 수 있었을까요?" 마라는 심리치료사에게 이렇게 하소연했다.

그런 한심한 짓을 하게 된 이유를 찾아 헤매다가 마라는 마침내 원가족의 환경을 떠올렸다. 차갑고 무심했던 어머니, 딸에게 아무 관심도 없었던 아버지, 엄격한 유모, 그들 중 누구도 마라가 그토록 바라던 사랑과 관심을 준 적 없었다. 생각이 여기에 미치다 보니 자신을 따뜻하게 대해주던 가사도우미에게 새삼 감사의 마음이 일었다. 다른 사람들이 주지 않았던 사랑을 그에게서 적게나마 받았던 기억이 났다. 하지만 그것으로는 부족했다. 참을 수 없는 공허감과 채워지지 않는 애정의 갈망은 마라를 평생 따라다녔다.

심리치료를 통해 마라는 아르놀트가 바로 이런 문제점을 단박에 알아차리고 악랄하게 이용했다는 사실을 깨닫고 큰 충격에 빠졌다. 마라는 그가 내민 보잘것없는 '사랑'의 증거들을 목마른 사람처럼 허겁지겁 들이켜면서, 어린 시절의 모든 갈망을 그가 채워줄 것이라 기대했다. 그리고 아마 그를 위해서라면 어떤 희생도 감수했을 것이다. 깨달음이 거기에 이르자, 이별은 가슴 아프지만 마라는 아르놀트가 자신을 버려서 정말 다행이라는 생각이 들었다. 둘의 관계가 더 진전되었더라면 자신이 어떤 것까지 희생했을지 소름이 끼쳤다. 그는 마라의 인생을 망가뜨렸을 것이다. 독일 동화 《하멜른의 피리 부는 사나이》에서 쥐들이 피리 부는 사나이를 넋 놓고 쫓아갔듯, 자신도 맹목적으로 그를 쫓다 절벽 끝으로 향했을 것이다.

마라는 고통스러운 치료 과정을 무사히 거쳤다. 감정이 수도 없이 오르락내리락했지만, 마침내 그는 자신의 마음에 난 큰 구멍이 타인이 주는 사랑으로는 절대 메워지지 않을 것이라는 깨달음을 얻었다. 누군가 자신에게 끝없이 많은 사랑과 칭찬을 퍼부어준다고 해도, 어린 시절에 받지 못했던 사랑을 대신하지는 못할 것이다. 마라가 관계 의존성의 수렁에서 헤어 나오기 위해 할 수 있는, 또 반드시 해야만 하는 단 한 가지는 스스로 고통스러운 결핍을 견디고 부족한 자신을 인정하며, 주변 사람들이 그에게 주었던 사랑과 관심을 존중하는 것이다. 심리치료사의 결론도 마찬가지였다. 앞으로도 마라의 잔에는 절대 물이 다 차지 않겠지만, 반이든 3분의 1이든 잔에 물이 찼다는 사실을 인정하고 존중하는 것, 그것이 중요하다고 말이다.

마라의 사연은 의존성 성격 장애 환자 중에서는 드문 사례가 아니다. 물론 다행스럽게도 그들 모두가 마라만큼 깊은 상처를 입는 것은 아니다. 하지만 어릴 적 사랑과 인정을 받지 못한 사람들은 자존감이 낮고 항상 마음 한구석이 텅 빈 것 같은 공허감을 느낀다. 그래서 정도에 따라 차이는 있겠지만 대부분이 늘 사랑과 인정에 목이 마른 상태다. 그런 사람들은 누군가 보내는 미약한 애정 신호에도 즉각 반응을 보이고, 아주 조그만 칭찬과 관심에도 고마워 어쩔 줄 모른다.

그러다 보니 마라 같은 사람들은 조종당하기가 쉽다. 아르놀트가 그랬듯 칭찬 몇 마디, 식사 초대 몇 번이면 충분하다. 이들은 자신의 관심사를 다 포기하고 상대에게 완전히 초점을 돌린다. 상대의 온갖 약속을 맹목적으로 믿고, 옆에서 보기에는 말도 안 되는 짓까지 서슴지 않는다. 마라도 아르놀트에게 거금을 빌려주면서 차용증 한 장 받지 않았다. 평소 검소하게 살던 사람이 남자 친구에게는 아무런 안전장치 하나 없이 어마어마한 돈을 빌려주면서 단 1초도 고민하지 않았다.

또, 의존성 성격 장애 환자는 자신이 추앙하는 사람에 대한 비판을 새겨듣지 않는다. 마라 역시 아르놀트가 유명한 '바람둥이'이며 여자를 수시로 갈아치운다는 동료의 말에 전혀 흔들리지 않았다. 오히려 그를 변호하면서 자신이 만든 남자 친구의 긍정적인 이미지에 절망적으로 매달렸다. 하지만 마라의 사연에서도 알 수 있듯 그런 관계는 실망과 깊은 상처를 남길 수밖에 없다.

당신이 그런 의존성 성격 장애 환자의 친구나 가족이라면 **비판적인 조언**이 아무런 효과를 보지 못한다 해도 **절대로 가만히 입 다물고 있어서는 안 된다**. 환자가 처음에는 조언에 거부 반응을 보일 수도 있다. 하지만 상황에 따라서는 환자도 상대를 조금 더 비판적인 눈으로 바라볼 것이다. 가령 마라의 사례처럼 상대가 거금을 빌려달라고 할 경우 조금 더 신중해질 수 있다. 혹은 상대가 만남을 거절하며 들이대는 이런저런 핑계를 비판적으로 따져보는 것도 가능하다. 마라보다 의존성이 덜한 사람이라면, 주변 사람들의 비판적인 조언이 무시할 수 없을 만큼 큰 효과를 낼 수 있다.

하지만 비판적인 조언을 해줄 때 주의해야 할 점이 있다. 환자가 상처받지 않도록 정중한 표현을 사용해, 환자를 걱정하는 마음을 환자가 느낄 수 있어야 한다는 것이다. 환자가 사랑하는 상대를 '헐뜯거나' 환자가 너무 '순진해서 멍

청한' 짓을 한다고 비난하는 느낌이 들지 않도록 조심해야 한다. 앞에서도 누차 설명했듯 환자가 순진하고 멍청해서 그런 짓을 하는 것이 아니다. 환자의 행동은 지금껏 받지 못했던 사랑과 인정을 어떻게든 얻어내려는 절망적 노력이다.

당신이 의존성 성격 장애 환자라면 마라의 동료 같은 **주변 사람들의 경고를 진지하게 받아들여야** 한다. 아마 당신도 어느 정도는 가족이나 친구의 말이 옳다고 느낄 것이다. 그래서 더더욱 상대의 말에 격렬하게 반응하는 것일 수도 있다. 지금 같은 관계로는 그토록 바라던 사랑과 인정을 얻을 수 없다는 사실을 환자 역시 마음 깊은 곳에서는 이미 잘 알기 때문이다. 하지만 그 부질없는 희망에 너무 집착한 나머지, 자신의 욕구를 충족해줄 것이라 약속하는 그 사람을 조금이라도 비판하는 말은 절대 들으려고 하지 않는다.

당신에게 조언하고 경고하는 가족과 친구는 당신을 누구보다 아끼는 사람들이다. 당신을 걱정하는 그들의 말을 믿어야 한다. 그 사람들이 무슨 말을 하는지 **귀 기울여 듣기**라도 해야 한다. 그래서 당신이 너무나도 사랑하는 그 사람을 대할 때, 혹시 그들의 비판이 맞는지는 않을지 되짚어보아야 한다. 가령 어떤 친구가 당신에게 너무 반려자에게 의존한다고 경고했다면 앞으로 당신은 반려자가 어떤 행동을 하라고 채근할 때마다 그 행동을 조금 더 비판적으로 바라볼 수 있을 것이다. 특히 마라가 그러했듯 **금전적인 문제**가 얽힐 때는 더 조심해야 하고, 돈거래를 할 때는 반드시 문서를 남겨야 한다. 하물며 친구나 가족과도 돈거래를 할 때는 차용증을 주고받는다. 이런 건 상대를 믿지 못해서가 아니다.

반려자가 돈을 빌려달라고 하거든 용기를 내서 차용증을 쓰자고 말해보자. 정말 당신을 사랑하는 반려자라면 당연히 그러자고 할 거고, 오히려 그쪽에서 먼저 차용증을 쓰자고 제안할 것이다. 하지만 차용증 쓰기를 거부하면서 어떻게 자기한테 그런 걸 요구하느냐고 당신을 비난한다면 조심해야 한다.

가족이나 친구의 경고가 옳다는 것을 알았지만 조금 더 일찍 그들의 경고를 받아들여 그들이 시키는 대로 행동하지 않았던 과거의 자신이 부끄러울 수도 있다. 그러나 **수치심은 전혀 불필요한 감정**이라는 사실을 명심해야 한다. 당신은 오래도록 갈망하던 사랑을 주겠다고 약속하는 사람과 관계를 맺었을 뿐 부끄러운 짓을 한 적이 없다.

주변 사람들의 경고를 진지하게 생각하지 않았다고 자책할 필요도 없다. 사실 따지고 보면 당신의 행동은 다른 사람들과 다른 점이 없다. 인간은 모두가 자신의 소망이 이루어지기를 바라며 그 바람을 쉽게 접지 못한다. 당신은 어린 시절 받지 못했던 조건 없는 사랑과 인정을 갈망하기에 그 바람을 이루고자 '분투했던' 것이며, 지금의 관계에서 그 바람을 포기하라는 주변의 말에 격렬히 저항하는 것이다.

앞서 소개한 마라는 **심리치료**를 받기로 하면서 성장의 첫걸음을 떼었다. 물론 사례에서도 알 수 있듯 심리치료는 쉽지 않은 과정이다. 심리치료는 묵은 상처와 과거의 아픈 경험을 건드린다. 그러기에 많은 이들이 심리치료를 망설이고, 심지어 절대 치료받지 않겠다고 격렬히 저항한다. 심리치료를 통해 몇 년, 때로 몇십 년 동안 억눌러왔던 아픔이 수만 가지 감정과 함께 무의식에서 의식으로 밀려들기 때문이다.

마라의 아픔은 의식하지는 못했어도 어린 시절부터 쭉 이어온 결핍의 고통이었다. 그래서 병원에서 환자들을 헌신하여 보살폈고, 그들의 감사를 통해 가족에게 받지 못한 애정을 조금이나마 채워보려고 노력했다. 마라와 같은 의존성 성격 장애 환자들은 심리치료를 통해 자신들이 어린 시절 얼마나 애정 결핍으로 고통받았는지 알게 된다. 그 결과 오랜 세월 억눌러왔던 온갖 감정들이 봇물처럼 터지고 고통과 슬픔, 분노와 절망이 파도처럼 밀려든다.

이런 감정들이 큰 부담을 주기는 하지만, 심리치료는 과거의 상처를 어루만지고 그 상처로 인한 그릇된 행동방식을 고칠 기회를 준다. 그 무엇보다 뼈 아픈 깨달음은 어린 시절 받지 못한 사랑은 훗날에도 **절대로 회복할 수 없다**는 것이다. 이 사실을 깨닫는 순간 **슬픔**이 밀려든다. 설사 마라의 남자 친구가 조건 없는 사랑을 선사했다 해도 그것이 어린 시절 부모에게 받고 싶었던 사랑과 관심을 대신할 수는 없었을 것이다. 마라는 아무리 가슴 아파도 이런 현실을 인정해야 했다.

그러나 어린 시절 받지 못한 사랑과 관심을 그 무엇으로도 보상할 수 없다는 깨달음은, 더는 헛된 희망을 좇지 않겠다는 결심을 낳는다. 헛된 희망을 접으면 의존적이지 않은 관계, **같은 눈높이의 관계**로 가는 길이 열릴 것이다. 의존관계는 채워지지 않을 갈망을 뒤쫓기에 애당초 실망으로 끝날 수밖에 없다. 이런 미숙한 바람과 욕망을 내려놓아야 비로소 **성숙하고 충만한 관계**로 가는 길이 열릴 것이다.

요점 정리

○ 어릴 적 마음을 어루만지고 자존감을 키워주는 관계를 맺지 못했던 사람은 어른이 된 후 다른 사람에게서 결핍을 채우려는 경우가 많다.

○ 그로 인해 이런 갈망을 채워주겠다고 약속하는 사람에게 지나치게 의존할 위험이 크다.

○ 또 그 사람을 이상화하고, 그 사람에 대한 비판을 절대 인정하지 않는다.

○ 의존성 성격 장애 환자도 마음 저 깊은 곳에서는 자신이 이용당한다는 사실을 안다. 하지만 오히려 그 때문에 더더욱 어릴 적 받지 못한 조건 없는 사랑을 지금이라도 되찾겠다는 희망에 절망적으로 매달린다.

○ 상대가 자신의 이런 갈망을 채워주지 못한다고 느끼면 환자는 크게 실망하며, 자살을 생각할 정도로 깊은 절망에 빠지기도 한다.

○ 그런 위기 상황에선 환자의 곁에서 이들을 지켜줄 친구와 가족이 필요하다.

○ 관계 의존성과 관련하여 위기가 찾아오면 반드시 심리치료를 받아야 한다. 심리치료를 통해 환자는 관계 의존성의 배경을

파악하고 어린 시절의 결핍을 충분히 슬퍼하며 그 결핍을 뒤늦게 채우겠다는 비현실적인 희망을 포기할 수 있다. 그래야만 '같은 눈높이'의 성숙한 관계를 맺을 수 있는 길이 열릴 것이다.

당신이 할 수 있는 일

의존성 성격 장애 환자라면

☺ 당신이 갈망하는 사랑과 인정을 아낌없이 주겠노라 약속하는 그 사람을 최대한 현실적으로 바라보고, 비판적인 생각의 목소리에도 귀를 기울여보자.

☺ 듣고 싶지 않겠지만 그래도 가까운 사람들의 조언을 잘 새겨듣고, 그들의 경고는 다 당신을 걱정해서 하는 말이라는 사실을 믿어 의심치 말자.

☺ 당신이 이용당했다는 것을 깨닫더라도 부끄러워할 필요는 없다. 당신이 순진해서, 멍청해서 그런 행동을 한 것이 아니다. 그 모든 것은 당신의 관계 의존성과, 마음 밑바닥에 자리한 사랑과 인정에의 갈망이 낳은 결과다.

☺ 가까운 가족이나 친구와 관계 의존성에 관해 이야기를 나누어보자.

☺ 심리치료의 도움을 받아 당신의 관계 의존성이 어디에서 온 것인지 그 배경을 파악하고 극복 방법을 모색해보자.

가족이나 친구라면

☺ 환자가 현재 사귀고 있는 반려자에 대해 당신이 어떻게 생각하는지 솔직하게 말하자.

☺ 다만 그 반려자를 비판할 때는 정중한 표현을 사용해야 하며, 당신의 비판이 가족이나 친구를 걱정해서 하는 말이라는 것을 그가 느낄 수 있게 해야 한다.

☺ 환자가 당신의 조언을 과격하게 거부하더라도 그와의 관계를 유지하고 그와 꾸준히 대화를 이어나가야 한다.

☺ 환자가 위기에 빠졌다면 곁에서 그를 도와주어야 한다. 그를 비난하라는 말이 아니다. 그가 자신의 관계를 현실적으로 볼 수 있도록 옆에서 도와야 한다는 뜻이다.

☺ 심리치료를 받아보라고 조언하고, 심리치료를 받을 때도 동행하여 도와주자.

일반적 관점

○ 관계 의존성의 특징은 불평등이다. 상호성이 없으며, 대부분 '같은 눈높이'의 관계가 아니다.

○ 의존성 성격 장애 환자는 다음과 같은 특징이 있다.

— 책임지는 것을 크게 두려워한다.

— 타인의 불행에 책임감을 느낀다.

— 타인의 애정을 얻기 위해 자신의 욕구를 억누르고 타인이 바라는 대로 한다.

— 결정을 잘 내리지 못하고 타인의 칭찬에 집착한다.

— 겁이 나서 자기 의견을 선뜻 말하지 못한다.

— 자신이 나약하고 무력하며 무능하다고 생각한다.

— 버림받을까 봐 두려워하며 상대에게 집착하고 매달린다.

○ 이렇게 된 원인은 보통 어린 시절에 있다. 가정과 학교에서 사랑과 인정을 받지 못하고 친구들에게 따돌림을 당한 경우가 대표적이지만, 부모가 불안이 심해 아이를 과보호한 경우도 이런 문제가 생길 수 있다.

○ 관계 의존성의 핵심은 활짝 피어나지 못한 자존감이다.

○ 의존성 성격 장애 환자들은 자신감이 부족하므로 타인에게 매달리고 타인의 인정과 도움을 찾아 헤매며 책임지기를 겁낸다.

○ 이들은 공격성을 발휘하지 못하고 억압하며, 어떻게든 갈등을 피하려 한다.

○ 자기 뜻을 접고 남이 원하는 대로 양보하기 때문에 주변에서 칭찬을 많이 받는다. 그러다 보니 점점 더 적극성을 억압하게 된다.

○ 남의 비위를 맞추려고 도저히 감당할 수 없는 남의 업무까지 떠안아 큰 화를 입을 수 있다.

○ 이들의 의존관계는 어릴 적 부모와 이룬 관계 패턴의 반복인 경우가 많다.

○ 의존관계가 단절되면 환자는 큰 트라우마에 시달린다.

○ 의존관계는 공생의 성격을 띠기도 하며, 한쪽이 일방적으로 이용당하는 예속 관계로 변질될 수 있다.

○ 의존성 성격 장애 환자가 상대에게 예속되는 경우 수치심과 죄책감 탓에 주변에 사실을 숨기고, 그로 인해 점점 더 사회적으로 고립된다.

○ 의존성 성격 장애 환자 중에는 기대고 싶고 도움 받고 싶은 자신의 마음과 격렬하게 분투하면서 필요 이상으로 독립적이고 '강인한' 겉모습을 연출하는 사람들이 있다.

○ 관계 의존성은 개인 간 관계에 국한되지 않는다. 극단주의 종교 단체 역시 의존성을 이용한다.

○ 극단주의 종교 단체가 특히 청년들에게 큰 매력을 발휘하는 이유는, 단체에 이상적인 권위자가 있어 그들에게 삶의 방향을 제시해주기 때문이다.

○ '캥거루족' 역시 흔한 관계 의존성 현상이다. 성인이 되어서도 부모에게서 독립하지 못하는 것은 부모에게 의지하고픈 욕망이 크기 때문이다.

○ 현대 사회에서 매우 흔한 의존성 현상으로 과도한 인터넷 사용을 꼽을 수 있으며, 특히 성인 채팅방의 문제점이 심

각하다.

○ 인터넷 의존의 '증상'은 대체로 물질 중독 증상과 유사하다. 욕망을 자제하기 힘들고, 통제력이 떨어지며, 심리적 · 신체적 금단증상을 겪게 되고, 다른 것에 대한 관심이 떨어진다.

○ 성인 채팅방에 중독되면 여러 가지 문제가 발생하지만, 특히 성적 만족과 정서적 관계를 별개로 생각하게 되고 비현실적인 성행위를 당연시하게 된다.

○ 의존관계 중에서 특히나 심각한 관계는 환자가 심리적 · 신체적 폭력의 피해자가 되는 경우다.

○ 피해자가 폭력을 당하면서까지 관계를 유지하는 이유는 여러 가지가 있다. 경제적으로 가해자에게 의존하기 때문일 수도 있고, 헤어지자고 하면 상대가 더 심한 폭력을 가할까 봐 혹은 외로울까 봐 겁이 나기 때문일 수도 있으며, 현재의 관계가 과거 경험을 그대로 되풀이하는 것이기 때문일 수도 있다.

당신이 의존성 성격 장애 환자라면

○ 마음을 단단히 먹고, 결단을 내리기가 두렵다 해도 용기를 내어 자립을 연습해보자.

○ 한꺼번에 목표를 이루겠다고 욕심내지 말자. 한 걸음 한 걸음 내디디며 작은 성공부터 이루고 그에 만족하자.

○ 자책과 수치심으로 자신을 괴롭히지 말자. 당신이 의존적인 관계에 휘말린 것은 당신의 '죄'가 아니다. 그저 힘겨운 성장 조건의 결과일 뿐이다.

○ 주변의 조언과 지지를 거부하지 말고 받아들이자.

○ 당신이 의지하는 사람을 두고 주변에서 이런저런 비난을 한다면, 듣기 싫더라도 새겨들어야 한다. 그들의 비판은 모두가 당신을 걱정하는 마음에서 나온 말이라는 사실을 잊지 말자.

○ 겁이 나더라도 상황을 회피하지 말자. 피하면 피할수록 점점 더 두려워진다.

○ 내 뜻을 접고 남의 비위를 맞추며 살다 보면 인성 발달 장애라는 큰 대가를 치르게 된다.

○ 극단주의 종교 단체에 함부로 발을 들여놓아서는 안 된

다. 이런 단체들이 주장하는 '구원'의 약속은 무척이나 매력적일 것이다. 하지만 건강한 이성을 잃지 말고, 가입을 결정하기 전에 반드시 비판적 시선으로 그 단체의 모든 것을 하나하나 따져보아야 한다.

○ 극단주의 종교 단체에 가입했다면 무슨 일이 있더라도 단체 바깥의 가족 및 친구들과 연락을 유지해야 한다.

○ 성인 채팅방이나 사이트를 가볍게 생각하지 말자. 이런 것은 중독의 잠재성이 높다. 지나치게 사용하지 않도록 조심하자.

○ 성인물 매체에서 경험하는 행동 방식이나 만남의 형태는 현실의 관계와 많이 동떨어진다는 사실을 명심하자.

○ 가상 세계가 현실 세계만큼 중요하다면, 현실 세계보다 더 중요하다고 생각한다면 조심하라. 이제 정말 멈추고 정신 차려야 할 때다.

○ 폭력을 당하면서 관계를 정리하지 못한다 해도 자책하거나 낙담하지 마라.

○ 믿을 만한 사람과 허심탄회하게 대화를 나누어 관계를 끊지 못하는 이유를 찾아보자.

○ 혼자서 혹은 가족이나 친구의 도움만으로는 도저히 상황을 바꿀 수 없다는 판단이 선다면 심리치료를 받아야 한다. 미루지 말고 곧바로 상담사를 찾아가자.

가족이나 친구라면

○ 의존성 성격 장애 환자를 최대한 도와주자.

○ 그러나 당신의 지원은 '환자의 자립을 지원하는 도움'이라는 사실을 명심해야 한다. 목표는 환자의 자립과 자율의 개선이다.

○ 의존성 성격 장애 환자에게 '나태하다'라는 식의 비난은 금물이다. 그의 행동은 힘든 환경에서 성장한 결과다.

○ 가족이나 친구가 의존적인 관계에 있는 것 같다면 당신의 느낌을 솔직하게 알리자. 물론 상처가 되지 않을 표현, 그의 감정을 존중하는 정중한 표현을 사용해야 한다.

○ 관계 의존적인 가족이나 친구에게 그의 의존성이 몰고 올 문제점을 알려주자.

○ 가족이나 친구가 불안하고 연약한 마음을 '딱딱한 껍질' 밑에 숨기고 필요 이상으로 자신감 있고 독립적인 척하더

라도 절대 속으면 안 된다. 껍질에 가려진 '연약하고' 불
안한 마음을 알아차리고 그가 진정한 자립을 향해 성장하
도록 도와주어야 한다.

○ 가족이나 친구가 극단주의 종교 단체에 가입했다면 무슨
일이 있어도 연락이 끊기지 않도록 최선을 다해야 한다.
특히 그가 단체를 탈퇴하려 할 때 당신의 도움이 매우 중
요하다.

○ 가족이나 친구가 성인 채팅방을 심하게 들락거리는 것 같
거든 당신의 느낌을 솔직하게 전달하자.

○ 대화를 나눌 때는 야단을 치거나 도덕적인 훈계를 늘어놓
아서는 안 된다. 그저 그런 과도한 채팅방 접속이 어떤 나
쁜 결과를 일으킬 수 있는지 조목조목 열거해주면 된다.

○ 폭력을 당하면서도 관계를 끊지 못하는 가족이나 친구가
이해되지는 않겠지만 그렇다고 해서 그를 야단쳐서는 안
된다. 그와 힘을 합하여 왜 그런 행동을 하게 되었는지 이
유를 밝히려 노력해야 한다.

○ 가족이나 친구의 의존적 관계가 폭력적인 형태를 띠는데
도 그가 관계를 벗어나지 못한다면, 당사자에게 반드시

심리치료를 권하고 알맞은 상담사를 찾도록 옆에서 도와

주어야 한다.

1. 《나와 너》, 마르틴 부버 지음, 표재명 옮김, 문예출판사, 2001. Buber, Martin(1983): Ich und Du (1923). 11. Aufl. Schneider, Heidelberg.

2. Kuhl & Kazén(2009)를 참고할 것.

3. Gjerde et al.(2012)를 참고할 것.

4. Burnham, Gladstone & Gibson(1969).

5. Rauchfleisch(2019a, 2019b)를 참고할 것.

6. Walser(2017), 26쪽.

7. Rauchfleisch & Weibel Rüf(2001)를 참고할 것.

8. Utsch(2014)를 참고할 것.

9. 독일 연방 의회 〈"이단 및 심리집단" 조사 위원회의 최종보고서Endbericht der Enquete-Kommission "Sogenannte Sekten und Psychogruppen"〉(1998)를 참고할 것.

10. Utsch(2014), 34쪽.

11. DESTATIS(2020)를 참고할 것.

12. Zeltner(1998)를 참고할 것.

13. Gaschke(2006).

14. Röhr(2020), 177쪽.

15. Aretz et al.(2017)를 참고할 것.

16. Petersen et al.(2009).

17. Bühring(2012).

18. Weber(2012), Hopf(2019)에서 재인용, 48쪽.

19. Rumpf et al.(2012), Durkee et al. (2012), Riedel et al.(2017)를 참고할 것. Bilke-Hentsch & Leménager(2019)도 참고할 것.

20. Orth(2017).

21. Rauchfleisch(1996)를 참고할 것.

Aretz, W., Gansen-Ammann, D.-N., Mierke, K., Musiol, A.(2017):
Date me if you can. Ein systematischer Überblick über den aktu-
ellen Forschungsstand von Online-Dating. In: Zeitschrift für Sex-
ualforschung 30, S. 7 - 34.

Bühring, P.(2012): Problematischer und pathologischer Internetge-
brauch. Mit Kompetenz ins Netz. In: Deutsches Ärzteblatt 11, S.
509.

Burnham, D. L., Gladstone, A. I., Gibson, R. W.(1969): Schizophrenia
and the Need-Fear-Dilemma. International University Press, New
York.

DESTATIS(2020): Statistisches Bundesamt, Pressemitteilung Nr. N 045
vom 5. August 2020.

Deutscher Bundestag (Hg.) (1998): Endbericht der Enquete-Kom-
mission 《Sogenannte Sekten und Psychogruppen》. Neue religiöse
und ideologische Gemeinschaften und Psychogruppen in der
Bundesrepublik Deutschland. Deutscher Bundestag, Referat
Öffentlichkeitsarbeit, Bonn.

Gaschke, Susanne(2006): Mensch, Alter. Die neue Shell-Jugendstudie zeigt eine Generation, die Gründe hat zu rebellieren – aber nicht will. In: DIE ZEIT, Nr. 39, 21.9.2006. https://www.zeit. de/2006/39/Shell_Studie [Zugriff: 27.5.2021].

Gjerde, L. C., Czajkowski, N., Røysamb, E., et al.(2012): The heritability of avoidant and dependent personality disorder assessed by personal interview and questionnaire. In: Acta Psychiatrica Scandinavica 126(6): S. 448–457.

Hopf, H.(2019): Jungen verstehen. Klett-Cotta, Stuttgart.

IFT Institut für Therapieforschung, München(2019): Hauptdiagnose-/Haupttätigkeit 《Exzessive Mediennutzung》: Erste Ergebnisse aus der Suchthilfestatistik 2017 und 2018. München, Oktober 2019. https://www.suchthilfestatistik.de/fileadmin/user_upload_ dshs/Publikationen/Kurzberichte/DSHS_Kurzbericht_2019_2_ Ueb_ExzMediennutzung.pdf[Zugriff: 15.6.2021].

Kuhl, J., Kazén, M.(2009): Das Persönlichkeits-Stil- und StörungsInventar (PSSI). Manual. 2. Aufl. Hogrefe, Göttingen.

Orth, B.(2017): Die Drogenaffinität Jugendlicher in der Bundesrepublik Deutschland 2015. Teilband Computerspiele und Internet. BZgA-Forschungsbericht. Bundeszentrale für gesundheitliche Aufklärung, Köln. ··· http://www.bzga.de/forschung/studien-untersuchungen/studien/suchtpraevention [Zugriff: 15.6.2021].

Petersen, K. U., Weymann, N., Scheib, Y., et al. (2009): Pathologischer Internetgebrauch – Epidemiologie, Diagnostik, komorbide Störungen und Behandlungsansätze. In: Fortschritte der Neurologie Psychiatrie 77, S. 263 – 271.

Rauchfleisch, S., Weibel Rüf, F.(2002): Kindheit in religiösen Gruppierungen – zwischen Abgrenzung und Ausgrenzung. Eine qualitative Studie. Edition Soziothek, Bern.

Rauchfleisch, U.(1996): Allgegenwart von Gewalt. 2. Aufl. Vandenhoeck & Ruprecht, Göttingen.

Rauchfleisch, U.(2019b): Diagnose Borderline. Diagnostik und therapeutische Praxis. Kohlhammer, Stuttgart.

Röhr, H.-P.(2020): Wege aus der Abhängigkeit. Belastende Beziehungen überwinden. 6. Aufl. Patmos, Ostfildern 2020.

Rohmann, D.(2002): Von Riesen und Zwergen. Überlegungen für die Arbeit mit Kultmitgliedern, -aussteigern und deren Angehörigen. In: Wege zum Menschen 54, S. 105 – 113.

Utsch, M.(2014): 《Die Sekte hat unser Kind gestohlen》. Beratung der Angehörigen von Mitgliedern in religiösen Extremgruppen. In: Leidfaden – Fachmagazin für Krisen, Leid und Trauer 3, S. 32 – 34.

Walser, M.(2017): Statt etwas oder Der letzte Rank. Rowohlt, Reinbek bei Hamburg.

Weber, C.(2012): Süddeutsche Zeitung Nr. 243/2012. Zit. nach Hopf, H. (2019).

Zeltner, E.(1998): Generationen-Mix. Zytglogge, Basel.

《나와 너》, 마르틴 부버 지음, 표재명 옮김, 문예출판사, 2001. Buber, Martin(1983): Ich und Du (1923). 11. Aufl. Schneider, Heidelberg.

《가까운 사람이 경계성 성격 장애일 때》, 우도 라우흐플라이슈 지음, 장혜경 옮김, 심심, 2021. Rauchfleisch, U.(2019a): L(i)eben mit Borderline. Ein Ratgeber für Angehörige. 3. Aufl. Patmos, Ostfildern.

옮긴이 장혜경
연세대학교 독어독문학과를 졸업했으며, 같은 대학 대학원에서 박사 과정을 수료했다. 독일 학술 교류처 장학생으로 하노버에서 공부했다. 현재 전문 번역가로 활동 중이다. 《불안하다고 말해요, 괜찮으니까》, 《설득의 법칙》, 《나는 왜 무기력을 되풀이하는가》, 《치매의 모든 것》, 《우리는 여전히 삶을 사랑하는가》, 《가까운 사람이 경계성 성격 장애일 때》, 《가까운 사람이 자기애성 성격 장애일 때》 등 많은 도서를 우리말로 옮겼다.

가까운 사람이 의존성 성격 장애일 때

첫판 1쇄 펴낸날 2023년 10월 31일

지은이 우도 라우흐플라이슈
옮긴이 장혜경
발행인 김혜경
편집인 김수진
책임편집 전하연
편집기획 김교석 조한나 유승연 김유진 곽세라
디자인 한승연 성윤정
경영지원국 안정숙
마케팅 문창운 백윤진 박희원
회계 임옥희 양여진 김주연

펴낸곳 (주)도서출판 푸른숲
출판등록 2003년 12월 17일 제2003-000032호
주소 서울특별시 마포구 토정로 35-1 2층, 우편번호 04083
전화 02)6392-7871, 2(마케팅부), 02)6392-7873(편집부)
팩스 02)6392-7875
홈페이지 www.prunsoop.co.kr
페이스북 www.facebook.com/simsimpress **인스타그램** @simsimbooks

ⓒ푸른숲, 2023
ISBN 979-11-5675-438-1(03180)

심심은 (주)도서출판 푸른숲의 인문·심리 브랜드입니다.